JN069259

安藤昌益

社会学者から見た昌益論

橋本和孝

東信堂

写真左　八戸市十三日町
　　　　安藤昌益居宅跡

　　下　八戸市八日町
　　　　安藤昌益資料館

写真上・左　大館市二井田温泉寺内
安藤昌益之墓

下　大館市二井田
安藤昌益石碑

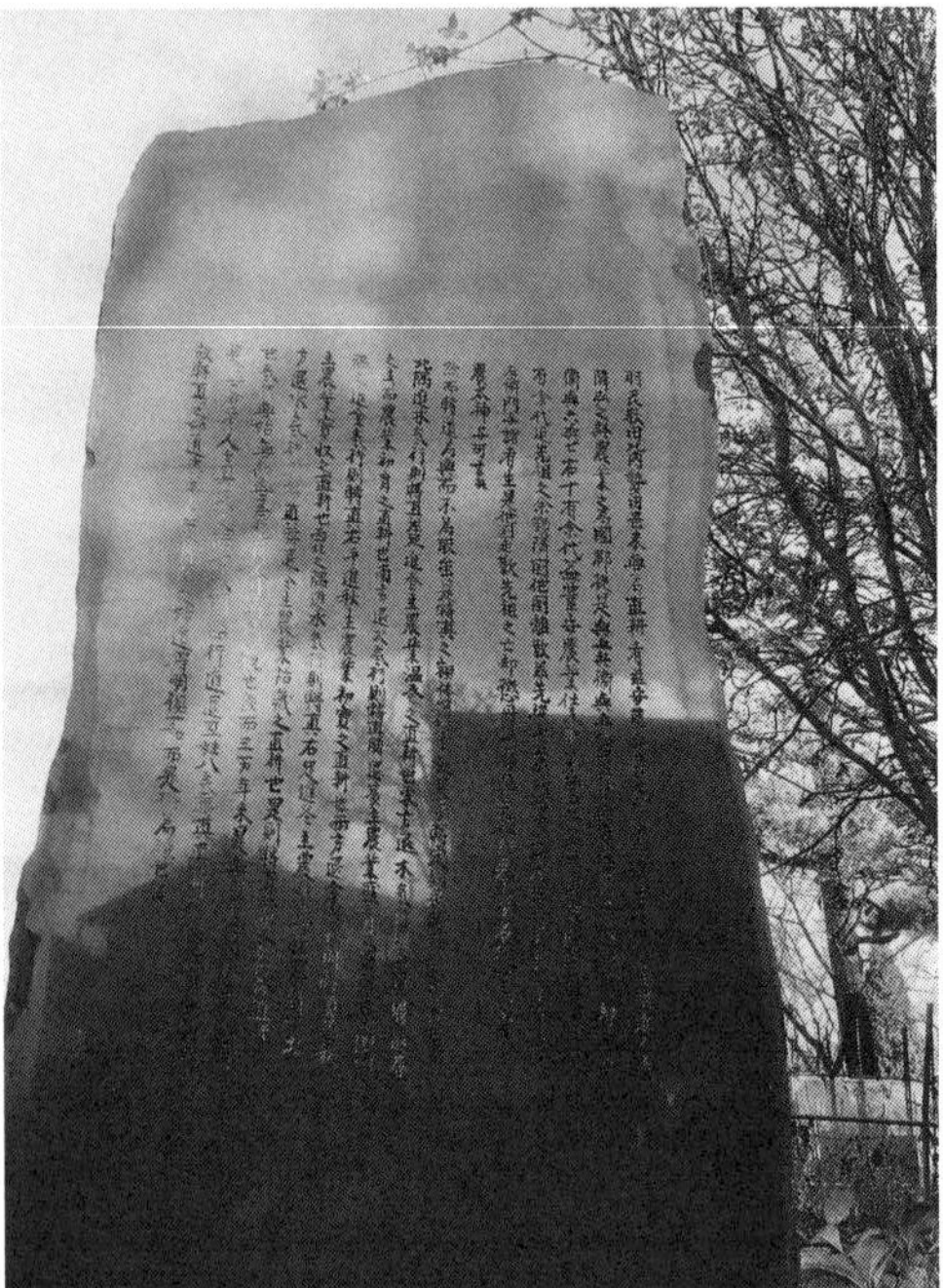

はしがき

二〇二〇年代に入って、世界とわが国に著しい「社会不安」が醸成されている。二〇二〇年に入るとコロナ禍が席巻した。いわゆるグローバリゼーションに歯止めをかけるような、人々の交流と物流を遮断した。ワクチン接種によってピークは去ったものの、予断を許さない。

二〇二二年は、ロシアによるウクライナへの侵攻という、世界に「帝国主義」の亡霊が存在していることを震撼させた、恐るべき年であった。小国による大国との戦いは日露戦争に比肩されるものであった。この日露戦争のさなか、我が国では堺利彦や幸徳秋水、内村鑑三たちによって「非戦論」の論陣がはられたのは周知の通りである。ウクライナへの侵攻は、核戦争や第三次世界大戦を惹起するのでは、と世界が戦争の行く末に、固唾を呑んで注視して来た。

二〇二三年後半は、いかなる年になるのであろうか。少なくとも一〇〇年前の大正一二(一九二三)年九月一日、約一〇万五千人の死者・行方不明者が生じた関東大震災が発生した。この震災の直後、無政府主義者の大杉栄・伊藤野枝が虐殺され、キリスト教社会運動家であった賀川豊彦は東京・本所でのセツルメント活動を開始した。この大震災によって不幸なことに、東京帝国大学図書館に所蔵されていた稿本『自然真営道』が、全巻九三冊中一二冊を除いて焼失した。逆に慶應大学図書館所蔵の『統道真伝』については、依田壮介の必死の努力によってアジア太平洋戦争下の神戸大空襲から、写本が守り通されたのである。

こうした疫病・戦乱・大災害に対して、本書で展開するように、江戸時代の「独創的」思想家、安藤昌益が、一八世紀中葉に鋭意に発言していることは、注目に値しよう。現在の八戸市で医師を行なっていた昌益が、人体を診る医師であるだけでなく、「土の思想家」として農耕を主体として、エコロジカルに自然を直視し、「儒医」としての役割である社会諸環境の中で医を考えたのである。昌益は「無政府主義的」な側面を持ち、その発見者狩野亨吉によって「社会主義」「無政府主義」「農本共産主義」者と規定されていたものの、その奥底にあるのは、真逆に見える「自然の神道」論であった。

そして、昌益はまた本書で詳細に展開するように戦乱を否定した「平和主義」「非戦論者」でもあった。私たちは昌益を読みこなすことをつうじて、彼を単に江戸時代の思想家と見なすだけではなく、とめどもなく湧き出てくるその現代的意義を見出せる。茅沼紀子が「百科全書的博物学」者と見なしたが、あながち間違った類推とも言えないほどの広がりを持つ。二〇二一年一二月には、講談社学術文庫から『自然真営道』（一九八四年に上梓された野口武彦編の稿本『自然真営道』〈抄〉）が出版された。このことは安藤昌益が依然、あるいはますます現代的意義を有していることを示している。以下、本書はあくまで歴史学者や日本思想史家が執筆した安藤昌益論ではなく、社会学者・ベトナム研究者としての立場から昌益論であり、安藤昌益の歴史社会学的研究を目指したものであることを申し添えておく。筆者は昌益の立論を「方法論的〈自然〉主義」と規定したが、それはある意味「魔術からの解放」や「近代化」認識に先行するものでありながら、それを超えて行くものとも言えるのである。

目次／安藤昌益——社会学者から見た昌益論

凡　例

一、本書の引用・参考文献は、すべて出版年月順に並べてある。

二、本書では、基本的にルビ方式は採用せず、引用・参考文献のルビを（　）内に記している。

三、本書では、筆者が適切とみなす引用文献に依拠しており、その結果送り仮名が、ひらがなとカタカナが混在したものとなっている。但し「転真敬会祭文注解」については、底本にある振り仮名はカタカナとし、校注者が補った振り仮名はひらがなにするという、安藤昌益研究会の凡例を踏襲している。

安藤昌益

——社会学者から見た昌益論

第1章　安藤昌益とその著作

第1節　筆者の旧稿

●ソーシャル・プランニングから

安藤昌益について把握するため、筆者の旧稿を見ておこう。筆者は、一九九六年に書き下ろした著書で以下のように指摘した。

ハーバート・ノーマンは、商人や取り引きに対する安藤昌益の態度が、鋭意な社会批判を行なったモアに比肩し得るものだと指摘した。すなわち「商は、……是れ身力を労せずして言品を以って渡世を為さんと欲する故なり。此を以って直耕の転道を業とする者少なく、妄りに貪り食ふ者多くして利欲妄念のみ盛んにして人気抜発して転気の運行を汚す。故に、転気激して不正の暴邪の気を行ひ不農にして登らず。〈商人たちは肉体的な努力もせずに、流暢な言葉だけを費やして、生きることを望んでいるのである。直接耕作して正直な生活するものはほとんどなく、大部分は名声と利益とを求めるのである。民衆の生活は悪化し、天の途は冒瀆される。結果的に不正、暴力、飢饉が忌まわしい顔ををみせ、国中を勝ち誇って蔓延する〉」と述べたのであり、金もうけが高利貸のする反社会的行動と見たモアの思想との共通性を見たのである。また理想化された共同体をノスタルジックに見ており、それは富と社会的立場という両者の不平等から自由なものという真の中世懐古の観点からのものであったことでもモアに類似していると指摘した。

しかし、モアと異なる点は、モアは国家の存在を前提として農業を基礎とした社会的分業、多様な職業と官吏の必要性を説き、〈都市と農村〉の存在を前提とした政治システムとしての社会計画論であったのに対して、昌益の体系は自然と人間の関係を一体のものとして捉える、エコロジー的な社会計画論であった。とりわけ中核的な概念は「直耕」にあったが、もとよりそれは「人間の唯一健全にして自然な営みである」農耕に携わるという意味があったが、それのみならず、宇宙的規模での万物の生成という意味が込められていたのであり、さらに全自然の営みを正しく認識しその本質に迫る行為という含意があったという。すなわち「無始無終の土活真が自感する四行の進退、互性の八気、通・横・逆の妙道は天（「転」）と海（「定」）であって、すなわちそれが土活真の全体である。その妙序についていえば、天は海の外にあり、海は天の内にある。外なる天の内に海が備わり、内なる海の内に天が備わり、天の性は海、海の性は天であって、天と海は互性八気の通・横・逆、日と月は互性、惑星と恒星は互性、運回して一息も止まることもなく、万物を生成して尽きることがない。これが活真宇宙の直耕なのである。これは小宇宙としては男女である。だから、外なる男の内に女が備わり、内なる女の内に男が備わり、男の性は女、女の性は男であって、男と女は互性、八情が通・横・逆に運回し、穀物を耕作し、麻を織り、生々して絶えることがない。これが活真男女の直耕である。天と海とは一体であって、上もなければ下もない。すべて互性であって両者の間に差別はない。世界あまねく直耕の一行一情である。これが自然活真の人の世であって、盗み・乱れ・迷い・争いといった名目のない真のままの平安の世なのである」（橋本、一九九六：二二四～二二六）。

●日本のユートピア思想家

この最後の「盗み・乱れ・迷い・争いといった名目のない真のままの平安の世」と述べる辺りに、昌益がまさに〈性善説〉的な日本のユートピア思想家であったことが理解できるし[1]、先回りして言えば、稿本『自然真営道』良演哲論において「天下国家は統治するものではなく、転真の直耕にゆだねられるべきものです。ところが、なにものであれ、これを統治しようとするものですから、その統治自体が根元となって収奪と争乱が絶えないのです。ですから、統治しようとしなければ、収奪と争乱はすぐに根絶されます」（安永、一九九二：二一七）と詭弁をろうしているが、言葉尻をとらえるならば、ユートピア的以上に「無政府主義的」にさえ見てとれる。実際、狩野亨吉と見なされる某文学博士は明治四一（一九〇八）年、「一種の社会主義、又は無政府主義に類している」（鈴木、二〇一三：一九〇）と指摘していた。

第２節　安藤昌益の謎

●二井田出生説

しかし、昌益の生涯については、まだ断片的にしかわかっていない。すなわち安藤昌益は、現在の秋田県大館市二井田で、元禄六（一七〇三）年に上層農（肝煎）の家で生まれ、宝暦一二（一七六二）年に逝去したというのが定説である。それ以前は、江戸出生説が謳われた。八戸藩の江戸詰の側医戸田作庵の養子が（正益）昌益で、作庵に実子が生まれると、昌益は離縁され八戸で町医者を開業したというものである（上杉、一九五二＝一九九一：四三五；三宅、一九九六：一一：三〇九）[2]。

しかし、二井田の曹洞宗温泉寺に昌益の墓があり、昌益自身が安藤孫左衛門の当主になったことから二井田出生説が確定した（三宅、一九八三：五四）。それでも、依然、延享元（一七四四）年に八戸に出現する以前については、皆目わかっていず、諸説が紛々としている。

●「儒道統之図」の発見

ところが一九九五年、旧八戸藩士戸村磯野右衛門の子孫から岩手県立博物館に寄託された史料の中に**図1**のような「儒道統之図」があった。これによれば昌益は伏犠から始まって曽参子、孟子を経て、藤原頼之、阿字岡三泊の弟子として位置づけられていた。阿字岡三泊は味岡三伯のことであり京都で医師を開業していた。だから昌益は京都で医師修行を行なっていたのではと推定された。しかし、昌益が入門したとみなされるのは三代目の三伯であり、この図は八戸出現直後に作成されたと見なされている（三浦、一九九九；鈴木、一九九九）。

京都修行説を裏づけるもう一つの根拠が、稿本『自然真営道』和訓神語論の〈国国ノ和訓（コトバ）、違品〉にある。ここで昌益は、京、大坂、武州江戸、出羽などの言（モノイ）イを取り上げている。例えば、「京。『煮（ニ）ル』を『焼（タ）ク』ト云フ」、出羽では「『申（モウ）ス』ヲ乃チ『申（もぅ）』と云フ」と行った具合である。この方言数を比較すると京が一番で圧倒的に多く二一、ついで南部は五、出羽は三となっている。つまり昌益が京言葉に関心を持ったのは京に修行したからではないかと推測されるのである（安藤昌益研究会編、一九八六b：一四；二二八〜二二九；山﨑、二〇一六：三四）。

京都に勉学修行を始めた時期は、三〇歳では遅すぎ、一〇代後半から二〇代前半であるという説が、説得力がある（鈴木、一九九九＝二〇〇二：一一四）。ただし昌益が仏門に入ったという諸説では、

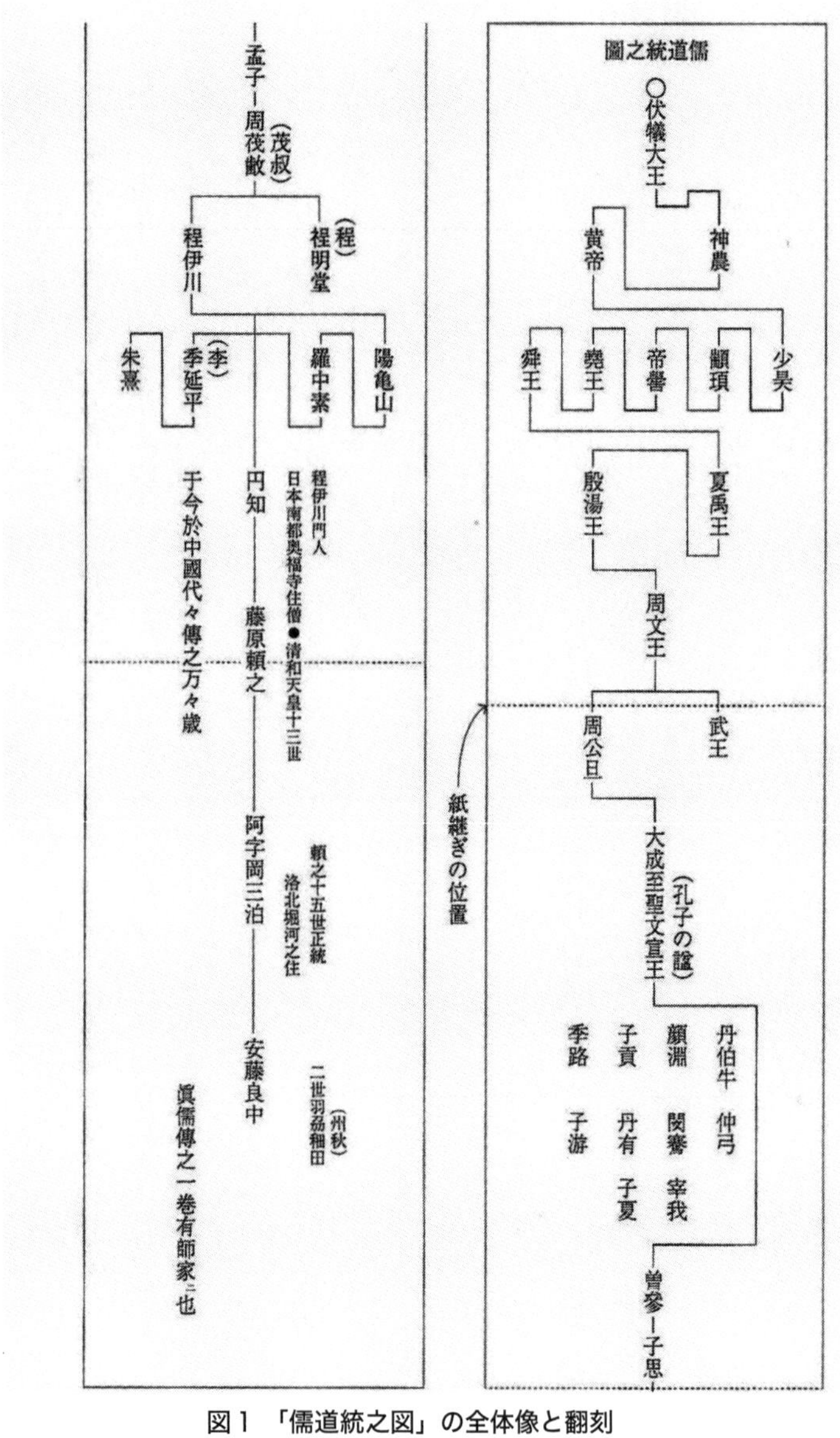

図1 「儒道統之図」の全体像と翻刻

いささか医師の修行期間が短い。京都に上るとすれば、百姓の身分で「着の身着のままで出た」(三宅、一九八三：五二)という昌益が、その為の資金はどうしたのかという問題が生じ、またその前段階としていずれかの地域、特に大館辺りで医師修行を行っていたに違いないと推定した(海原、二〇一四：六)。

● 京都修行以前

この点で、三宅は昌益一一歳の時二井田村に大黒玄道という医者が存在したこと、秋田郡綴子村に内館塾があり京都で儒学を学んだ宮野尹賢がいたこと、秋田郡十二所町には伊藤東涯門下の武田三秀がおり儒医で家塾を開いていたことを明らかにしている。さらに三秀の師は十二所に在住していただろう照井窓竹であった(三宅、一九八三：一八～一九；三宅、一九九六：一四一)[3]。

この三つのストーリーと、昌益の手紙の用語法から判断してその師が照井竹泉であったという渡辺大濤の指摘と関連づけると、照井竹泉とは十二所の照井窓竹であり、通称照井藤右衛門であったのである。つまり昌益は十二所で医学修行をした可能性が高い(渡辺、一九九五：三一；千葉、二〇一二：二七四)。

それでも昌益が十二所で医学修行をした後、直ちに京に向かったのか、どこか他を経由して上洛したのかは、不明である。ただ「儒道統之図」に記載されている藤原頼之とは、八戸藩志和郡にある「志賀理和気神社」の近くに住んでいたとされる。志和は寛文五（一六六五）年に代官所が設置され、役医や町医者が多い地域であった。昌益の子孫の伝承に「八戸にいく、生きては帰らない」と語ったという言い伝えがある（三宅、一九八三：五〇）。だから八戸とは八戸藩のことであるのかも知れない。そうでないと藤原頼之が登場する必然性が判然としないのである。

第3節　八戸における昌益と著作

(1)八戸における昌益

●八戸藩の御日記

安藤昌益が八戸に出現するのは、延享元（一七四四）年のことである。この年の八月六日、櫛引八幡宮の流鏑馬の射手であった遠野藩士三名の病気治療にあたったにも拘らず、八月一五日には八戸藩からの薬礼を辞退した。上杉修は「旅で病気しておる者を助けるのは医者の勤めだ、医は仁術と言うのはこのこと。安藤昌益の昌益たる所以を発揮してくれて、ここでも感心した」（上杉、一九七四：九七）と述懐している。

また動物論の章（第6章）で詳述するが、延享二年冬、浄土宗増上寺の末寺、天聖寺において数日に渡って講演を実施した。さらに同年、家老中里清右衛門が延享元年夏より病気になり、医師五人、座当二人にかかったもののはっきりせず、昌益が治療・投薬して快方に向かわせたことが知られている（上杉、一九七四：一〇二）。

●家族と門人

一介の町医者安藤昌益が、八戸藩家老の治療まで行えるということは、相当な名声であったことが推測される。昌益は現在の八戸市の中心部十三日町に住んでいたことが確認され、門徒宗願栄寺の檀徒で男二人女三人の五人で暮らしていた。男二人は昌益と息子の周伯である。借家ではないので持家だと推定され、その隣が大阪屋忠兵、さらにその隣がその親の大阪屋忠兵衛で昌益の門人である。反対側に町医者の富坂涼庵が借家暮らしをしていた。

門人に関して、昌益研究に大きな影響を与えたハーバート・ノーマン（Norman, E. H）によれば二〇人以上、渡辺大濤によれば直接門人ではない者を含めて二一人であった。門人は八戸のみならず江戸、京都、大阪、松前にまで広がっていた（Norman, 一九七九：三一；大窪訳、一九五〇；渡辺、一九七〇：二四〜二八）。このうち職業が推定されている者は、側医および番医が三人、武士が三人、神官が二人、茅沼の推定を加えると商人が七人となる（茅沼、一九九六：七五）[4]。

(2)昌益の著作

●刊本『自然真営道』から稿本『自然真営道』へ

昌益は、宝暦二（一七五二）年頃から、『統道真伝』、稿本『自然真営道』の執筆を開始し、宝暦三（一七五三）年に刊本『自然真営道』が確龍堂良中という名前で発行された。板元は京都小川源兵衛と江戸の松葉清兵衛、ただし刊本『自然真営道』は発行停止となり、翌年内容差し替えの上京都小川源兵衛から再発行された。稿本『自然真営道』は、一〇一巻九三冊であったが現存しているのは、一五巻一五冊である。ただそれ以前に、確龍堂安氏正信という名で資料を書いている。またこの一〇一巻にない『自然真営道 甘味の諸薬自然の気行』が発見され、野田健次郎は「二百冊か三百冊あった「自然真営道」の原本へ入るものだろう」と推定している（野田、一九九八：五四）。『稿本『自然真営道』は、「はしがき」に記したように関東大震災で消失したものの、幸い一二冊が借り出され残存し、さらに狩野亨吉が稿本『自然真営道』三五巻～三七巻を古書店から購入し、一五巻が残ったのである（渡辺、一九七〇：二～一〇：三浦、二〇〇九：山﨑、二〇一六：一四～一五）。

●戦火を免れた『統道真伝』

狩野亨吉は『統道真伝』についても、東京の古書店から購入した。狩野は「原稿ではなく門人が寫したと思はるるもので、五冊あるが完本ではない…門人に示す爲の抄録のごとく思はれ」(狩野、一九二八：三二八)と述べている。しかし、この『統道真伝』は数奇なる運命を持っていた。依田壮介は渡辺大濤から昌益に関わる以下の貴重な史料を預かったのである。

焼失を免れた十二巻の青写真と、刊行本自然真営道三巻、統道真伝(昌益自筆本)五巻、人相視理編三冊、表紙裏から出てきた書簡原本数枚を、昭和十九年秋何程かの金を御融通することによって、私がお預りすることになった。安藤昌益は人間の根元は米である、との所論から米粒のどこが人間のどこに当ると図入りで説明していた。当時食物の研究に専念していた自分が、この貴重な古典を護り伝えることこそ責任であると信じたからであった。

昭和二十年空襲は愈々烈しくなり、この古典がいつ戦火にあうかもしれぬという不安から、食糧に関する図書三千冊とともに、安全地に疎開することを計画したが、当時運送の方法がなかったため、心あせっているうちに昭和二十年六月五日、神戸市の大空襲でその頃転住していた神戸の自宅は一瞬の内に灰と化してしまった。その日の自分の日誌に、「統道真伝自然真営道の安全なるを得たり、不幸中の最大の喜びなり、これを基礎として再度起たん、戦後の処理はこの思想を提げて起たん、今想うことこれのみなり、三千冊の図書・研究の資材一切を失いたる今、与えられたを天恵なり」と書いている。書を包んだ大きな箱を首から下げて、今考えるとはまことに異様な姿のまま一家四人は、妻の郷里福岡県嘉穂郡頴田村へ疎開して終戦の日を迎えた。かくして、この貴重な古典を戦火から護ることができたのだった(依田、一九六五＝二〇一三：一九一)。

●依田壮介の私憤

まさに依田は『統道真伝』をアジア太平洋戦争の神戸大空襲の戦火から護った大きな功績をもつ人物なのである。とはいえ、これは事実の半面である。依田の渡辺大濤への思いは以下に示されている。

「私は自分の蔵書も顕微鏡もその他の道具も、一切を灰にして『統道真伝』を護って来た。それは『君の手によって残してほしい。依田家で保管してくれ』と託されたから正直にその言葉を信じ護り通して来たのです。併し貴方はよく護ってくれたと賞賛してくれましたか。貴方は会う毎に、何とかして本を取戻そうと工作された計りでありませんか。もうこれ以上騙されるのは否だ。あきらめてお渡しするから持ち帰られ度いと宣言する。大濤はそれでは受取れないと言う。……金は一銭もほしくない。騙され通した者の方が幸せである。この言葉に一言の返答もせず、風呂敷包みに包んで冷える夜道を樫山氏宅へ戻った。門前迄私は見送った。一語も語らず。」(依田、一九七四：四八三)。

この渡辺大濤が持ち帰った『統道真伝』他は、後に六〇万円で慶應義塾大学図書館に引き取られた。依田の渡辺大濤への強い私憤が文章に現れており、大濤の人柄を読み取れる。しかも、依田は一九七三年夏、この論文執筆後に逝去した(近藤、二〇一四：八八)。

ところで農文協の安藤昌益全集版は慶應大学版に基づいており、他方、奈良本辰也訳注版は影写本の京都大学版である。中公バックス版は京都大学版を参考にした慶應大学版である。岩田武志によれば一九六四年に存在が確認された龍谷大学附属図書館所蔵の『統道真伝』が一次資料として根本的であると指摘している。なお龍谷版は一九八二年に異写本の一部として発見された(岩田、一九九六：三二六；三宅、コトバンク；龍谷大学)。

以上の依田をめぐる事実は、専門の昌益研究者であれば、周知の事実であろう(近藤、二〇一四：七七〜八八；尾藤・松本・石渡編、二〇〇二：二一六〜二一九)。しかし、最新の講談社文庫版『自然真営道』にも記載されていないので、あえて言及することにした[5]。『統道真伝』は現在市販されていない。昌益思想の概要を知る上で不可欠であり、復刊されることが望まれる。

注

1 伊達功は、安藤昌益のユートピア性について全面展開している(伊達、一九九五)。

2 安永寿延は、一九七二年当時、昌益江戸出生説を評価し、マージナルマンとして昌益を位置づけていた(安永、一九七四)参照。

3 本書初校終了後、偶然筆者は以下の事実を知った。宮野尹賢は宮野伊兵衛と同一人物であり、秋田郡比内村扇田で酒造業を営んでおり、元文三(一七三八)年二月建部綾足が伊兵衛の家に逗留したという事実である(谷澤、一九八六)。もし安藤昌益幼少時に宮野伊兵衛(尹賢)が扇田に居を構えていたとすれば、伊兵衛の下で勉学するのは極めて容易であった筈である。

このように考えて萱沼の著書を再度読み直してみると、既に昌益が扇田の尹賢の屋敷に通った可能性を指摘している(萱沼、一九九六：一三六)。

4 門人たちである武士や商人が、後述する昌益による厳しい武士や商人批判を、自らどう受け止めていたのかが、本書の枠を超えるものだが論点になるだろう。

5 ただし閲覧しやすいものとしては、三宅正彦がコトバンクの「『統道真伝』の解説」で依田の功績について述べている。

第2章　安藤昌益の歴史社会学的接近

第1節　ベトナムでの昌益研究

(1)ベトナムでの昌益研究と『統道真伝』万国巻

●ベトナムでの昌益研究

さてベトナムでは、一八世紀から一九世紀の学者である二宮尊徳(一七八七〜一八五六)や福澤諭吉(一八三五〜一九〇二)に関心が持たれてきた。前者は徳川幕藩体制下で疲弊した農村改良に貢献し、そのための勤倹節約を推進したことで知られており、後者は明治維新下の文明開化と日本の近代化に貢献したことで、関心が持たれるのは、当然であった。ではここで取り上げる安藤昌益はどうであろうか。

本章は、ベトナム発表用の日本語原稿を踏まえつつ、さらにそれを発展させ歴史社会学的[1]に昌益論を再構成しようとするものである。

ベトナムでの昌益研究について詳述するつもりはない。ただ折角の機会であるので、コロナ禍のweb検索の結果であるという限界があるものの紹介しておくことにしよう。一つは、神田嘉延による稲盛和夫著『君の思いは必ず実現する』ベトナム語版（二〇〇六年）の「跋文」の中に書かれた「二〇〇年前のマルクス」論である。二つ目は「哲学辞典」にみる安藤昌益であり、これはアメリカ在住の哲学者が執筆したwebサイトの模倣で、ノーマン（Norman, E. H., 1979）の著書および安永寿延の英語版『Ando Shoeki』をベースに書かれたものである。三つ目は、仏教界での安藤昌益の非常に短い紹介である。ベトナム語以外に漢字で用語が振られているが、昌益の出身が仁井田村（正しくは二井田村）と書かれたり、『自然眞營道』とか『統道眞傳』とか旧字体で書かれているが、どうやら『オンライン仏学辞典』をベースに書かれた可能性が高く、日本語でカタカナが振ってあったり漢字が書かれている項目も多数見られ、日本語の仏教辞典を参照していると見なされる。四つ目はやはり仏教界での紹介で、「仏教による生態系保護思想」という抄訳である。これは西川富雄「主体としての自然」（『比較思想研究』一六号、一九八九）の台湾経由での紹介である。昌益が厳しい仏教批判を行っていたのに、「仏教による生態系保護思想」というタイトル自体、昌益を読んでいない証であろう。五つ目が、「一七世紀から一九世紀にかけての中国および日本の主な体制改革思想」という唯一学術雑誌に載った論文の一部である。その中で昌益は貧民階層思想に位置づけられている。ただこれも依田熹家の『简明日本通史』(北京大学出版社、一九八九)からの引用である。つまり、神田や仏教会の紹介を除いて、英語圏または中国語圏の研究を経由して、ベトナムに紹介されて来たものであったのである。

●『統道真伝』万国巻の訳注

ここで筆者は、どうしても昌益の『統道真伝』万国巻で書かれているベトナムに関する記述で補足しておきたいことがある。

「インド［天竺：筆者挿入］の北端に高痴の国といって都労山という高山のある国がある。」と記載されている。また「中天竺とは東京・広地・摩須牟・啥牟波・訶棒沙のことである…… 中天竺の広地や摩須牟などの国には、啥六畝の伽羅木の林があって、伽羅を多く産する。」と述べている（野口編、一九八四：三五九；安藤昌益研究会編、一九八五C：一〇六；奈良本訳注、一九六七：三九〜四〇）。

高痴も広地もコーチシナのコーチであり、都労山とはツーラン山を指すが、これは五行山のことで『安藤昌益全集』第一二巻、一〇九ページの説明は正しい（ただしマーブルマウンテンとは呼ばれているが蝋石山と呼ばれているかは未確認である）。哈牟波は、紀元二世紀から一七世紀まで存在したチャンパ（王国）のことで中公バックス版の説明、ヴィエンチャン（四四八ページ）は明白な間違いである。ただしこれは岩波文庫版、下巻、（奈良本訳注、一九六七）二六三ページの注（五三）の南ベトナムのビィエンチャン地方という記述を踏襲している可能性が高く、ビンディン（平定）省の表記ミスと見なされる。

摩須牟は巴川（Ba Xuyên）の可能性が高く、岩波文庫版『統道真伝』下巻、（奈良本訳注、一九六七）二六二ページでは不詳と書かれている。また『昌益全集』第一二巻、一一〇ページの説明「摩須牟—中国雲南省填中道に摩錦 Mochu があり、ここを中心とした地方を指すか。」は、明白な間違いである。というのは、どう考えてもインドシナが該当する。なぜなら、トンキン、コーチ、マスン、チャンパ、カンボジアと並んでいるのに北上して雲南省に上がる訳がないし、海上交易が想定されていると考えるからである。これはベトナムのバタック（今日のミースエン）の可能性が高く、現在のソクチャン省、かつての南ベトナム時代のバスエン省を指す[2]。

また筆者は、哈六献について、江戸時代の豪商であった茶屋家新六郎が交趾から戻り伽羅を将軍に献上したことを意味していると新説を提起する。伽羅は江戸時代香木として重用されていたのである[3]（ハノイ歴史研究会）。

第2節　自然と人間

⑴昌益の自然観

●刊本『自然真営道』から

拙著旧稿の前半部分は、昌益が〈法世〉（ほうせい）と呼ぶ社会システムに該当するが、後者は、昌益の自然概念、「直耕」と「互性」の説明、さらに〈自然世〉（しぜんのよ）という将来システムに該当する。そこで自然観を検討しよう。

一七五三（宝暦三）年に出版された刊本『自然真営道』巻二で以下のように述べる。

> 転定（天地自然）は五行の進退・退進活動の総体であり、小進の木気は春をつかさどり、風となって生命を崩し花をつけ、大進の火気は夏をつかさどり、暑く照って雷を呼び万物を大きく育て、小進の金気は秋をつかさどり、清んだ空気は万物の実りを引き締め、大退の水気は冬をつかさどり、寒さは草木を枯らして生命を翌年に貯えさせ、不進不退の中央の土気は、この進退活動を統括して一連の循環活動をつかさどる。

つまり、中央の大地から小進の木気となって発し、それが役割を終えて大地に入ると、今度は火気となって大きく発し、それが大地に退くと、次は小退の金気となって大地から発し、それが大地に納まると、最後は大退の水気となって大地から大きく発し、それが大地に入るとふたたび木気となって小さく発し……真の循環活動は無始無終で、少しも休むことなく、大地の上下・左右を昇ったり降ったりおのずと運回し、大地の上が春になれば、その反対側は秋、地上が夏になれば地下は冬というように、大地を中心として四季八節は少しも乱れることがない。このように四季八節とは、変化するものではなく、常に運回することによってその時々の性状が正しく発揮されるのである。その常の運回が変化に似ているところから、『易経』では「変易」と言い、変化が強調されているが、変化とするのは見かけに惑わされた誤りで、変化などではなく、中央の大地が運回をつかさどっている進退活動の統一作用である。

　したがって、人びとが自然の進退活動による四季の気行にしたがって田畑を耕し機を織りさえすれば、四季の運行は転道とともにおこなわれて異変がなく、人倫の耕業にもまったく支障がない。なお、自然の気行に正確に合わせようというのであれば、その土地土地で候灰の法をおこない、その年の気のめぐりを観測し割り出せばよい。そうすればその土地の気行にはずれることなく、自然の法則に適うことができよう。

　こうして、転定（天地）があるがままに運行するように、人間も生物もあるがままに活動すべきである。つまり、あるがままとは自然の妙名である（安藤昌益研究会編、一九八六ａ：二〇五〜二〇七）[4]。

いわば昌益にあっては、この時点では五行思想をベースに「気」の働きで自然が能動的に活動すると見ていたのである。昌益の自然概念は「ひとりする」と言われていることに照応する。「気」とは英訳すると energy, spirit であり、万物を生成するものと見なされていた。また〈無始無終〉という概念が登場しているが、これは仏教に由来するし、『荘子』外篇智北遊篇に見られるように孔子が弟子に語った言葉でもある

⑵昌益の人間観——方法論的〈自然〉主義

● 稿本『自然真営道』大序巻

では人類の誕生はいかに論じられるのであろうか。稿本『自然真営道』の大序巻にその記述がある。それは、「気なるものが地と和合して、穀物、男女（ひと）、鳥獣虫魚、草木となって生まれ出る」と指摘し、人間は穀物の所産であることを指摘する。つまり人間が自然の一部であるという現在では当たり前のことが論じられているのである（野口編、一九八四：七八；安永、一九九二：二三七；安藤昌益全集刊行会監修、一九八一：三）[5]。いわば〈個人〉と〈社会〉に先行して〈自然〉的存在として、「方法論的〈自然〉主義」という〈個人〉と〈社会〉モデルを超える視座が示される。

問題はこの先である。「男の本性は女、女の本性は男、男女互性で活真の人である。雄鶏の本

性は雌鳥、雌鳥の本性は雄鶏、雌雄互性で活真の鳥である。（獣の）牡の本性は牝、牝の本性は牡、牡牝互性で活真の獣である」。以下、虫、魚、草、木に至るまで雌雄互性で活真の虫、魚、草、木が論じられる（安永、一九九二：二五六；安藤昌益全集刊行会監修、一九八一：二〇）。

●生命と自然の一体性

これに照応するように、『統道真伝』万国巻では、「転定・日月・男女は進退する自然にして一体なり、一神なり、一人なり。万物・万事は二品に行いあらわれて一物・一事・一統なる統主なり。男女二人に行わるるは一人の妙用をあらわす」。同様に糺仏失巻でも夫婦は自然進退（律動する）の一気にして、人倫の大始、娑婆世界の大本なり」と述べる（奈良本訳注、一九六七：二〇；一五八）。さらに「穀物の精から初めて現れた男女は、自然転定（宇宙）の道が穀精から現れて男女となったものであるから、自然に家を作り、耕し織り、五穀を食べて生活した」という『統道真伝』人倫巻の叙述に接合する（野口編、一九八四：三四七；奈良本訳注、一九六六：一七八）。

なんという卓見であろうか。生命の神秘と生物の生成が凝縮されている。自然の再生産と生命（類）の再生産が結合されているのである。それゆえ自然の能動性を看取でき、克服されるべき自然ではなくて、現代のエコロジーへと結びつく生命と自然の一体性を読み取れるのである。いかにも医師安藤昌益である。

これを人間の再生産の面で図示したのが**図2**であり、陳化北によって人間生態図として示されたものである（陳、二〇〇一：六六）。無論、精水が穀物によって形成されるという所論は、現代的視座からすれば十分とは言えないものの、稿本『自然真営道』私制字書巻一で、穀とはこめ、あわ、ひへ、まめ、あづきの五穀と述べていたことが興味深い。いずれにせよ、昌益が男女の交合（性交）を徹頭徹尾重視していたことは明白である。しかし、「転定の直耕とは転定が万物を生成することであるし、それは男女の『産む』行為と基本的に一致するのだから、『直耕』とは生殖をもとにした発想というべきであろう」（茅沼、一九九六：三一二）[6]という茅沼紀子の見解は、「直耕」概念の変化を見落としたに違いない。

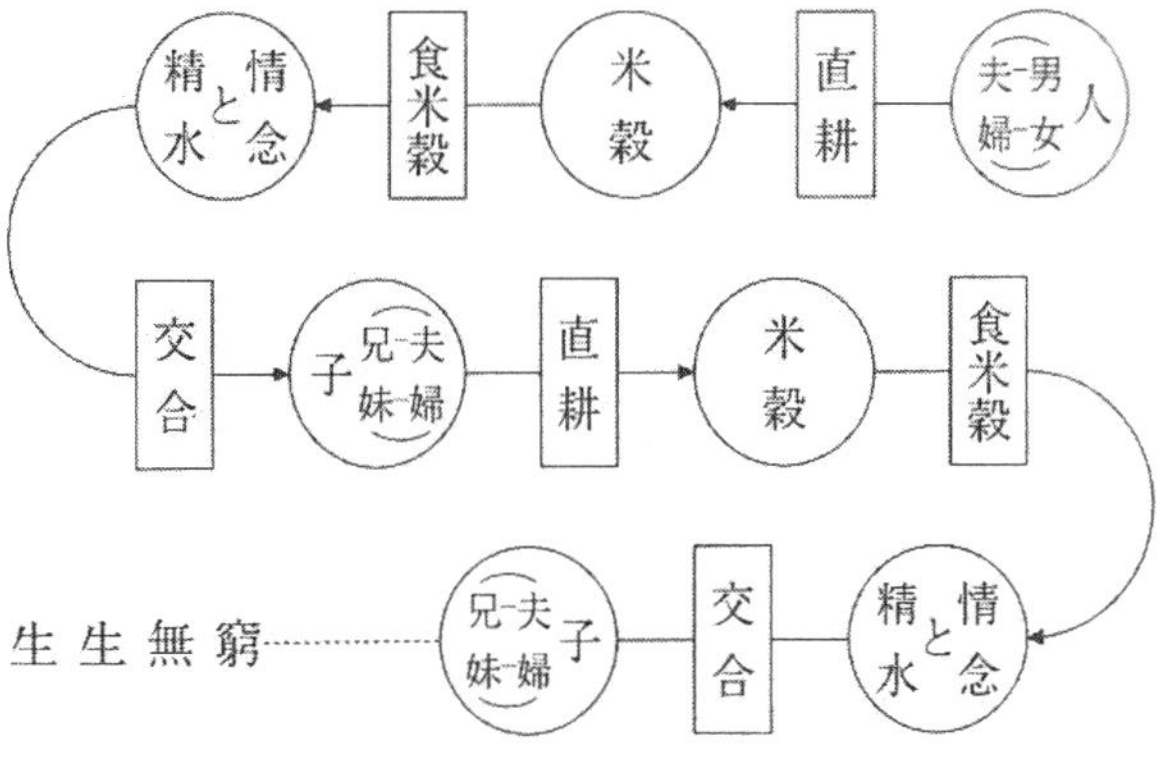

図2　人間生態図

出所）陳（2001: 66）

第3節　社会——家族、ジェンダー、地域——

(1)ジェンダーについて

●結婚について

かくして社会学の〈Sozial な〉基本領域である家族の問題へと議論が展開する。しかし、結婚できない男女、障害者などは「人」ではないのかという現代的問題へと連接する。昌益は当然当時の農村の未婚率の高さについては、よく知っていたはずなのにである。茅沼は、昌益が「恋を肯定せずに、『交合の念』だけがひとり歩きしているとは何とも奇異な感性ではないか」（茅沼、一九九六：一一二）[7]と、いかにも女性文学者らしい感想を述べているが、まさしく茅沼が述べているように、結婚は個人間の出来事（相互作用）ではなくて、家と家の社会関係形成であったのである。因みに昌益は遊廓が存在した時代に一夫一婦制を主張した。これは一夫一婦制が、農民の世界では当然視された世界であったからである。

●ジェンダー

ここで家から村の形成の話に展開する前にジェンダーの問題について議論しておきたい。長瀧真理は、稿本『自然真営道』私法神書巻の分析を通して、「一般に女神と考えられている天照太神を、男神であるとする。これにより昌益が男尊女卑の考えを持っていたことがわかる」(長瀧、二〇〇一：二六八)と述べる。とはいえ稿本『自然真営道』私法神書巻下においては、明確に「姫ノ太神伊勢ノ若宮ノ天照太神」(安藤昌益研究会編、一九八六ｂ：五四)と述べており、女神であることを認識していたにもかかわらず、私法神書巻上では天照太神を素戔嗚尊の兄と記述している。この点では、今日的にみると「昌益が男尊女卑」と指摘されてもやむを得ないだろう。

しかし、昌益は刊本『自然真営道』巻三で「転定にして一体である自然を、自ら上に立つことを欲して、転を上天・尊、定を下・卑と区別していることが、そもそも誤りである。男と女で一人であるのが自然なのに、男貴・女賤(男尊女卑)に差別し、あるいは独身が良いとしたりすることが、第二の誤りである」と明確に女性差別を否定する(安藤昌益研究会編、一九八六ａ：四〇二)。この差別否定は、稿本『自然真営道』良演哲論でも、繰り返されている。

また『統道真伝』糺仏失巻で、「女は人を相続して仏の母なり。仏(釈迦)、女を離れて大罪人と為り、五障三従を戒しむ。然るに女の仏(仏陀)を選ぶのは大なる失(誤り)なり」と否定し、同様に「女は地道、経水常に余して人倫の相続の本と為る。然るに五障三従と賤む失なり」と指摘する(奈良本訳注、一九六七：一九六：二四八)[8]。五障とは女性が生得的に有している障害で、三従とは幼い時には父に従い、結婚して夫に従い、老いては子に従えという儒教の観念である。であるからどう考えても昌益は男女平等思想の持ち主であった。驚くべき先駆性ではないだろうか。また昌益は一七五八（宝暦八）年に二井田村に帰村した。その理由は、二井田村の安藤家の跡取りであった兄が一七五六（宝暦六）年に亡くなり、跡取りが居なくなったためであり、本家を継ぎ傾いた家を再興する必要があったからである（三宅、一九九五：二九：七六）。このような家督相続まで現代の視点で否定してしまうと、江戸時代に存在していたそれなりの「合理性」まで否定してしまうことになるであろう[9]。

(2)家と村

●戦後農村社会学へ接合

昌益の『統道真伝』人倫巻には、農村研究者や地域研究者には極めて興味深い〈家—村〉論が展開されている。

「此（ここ）の男女と彼（かしこ）の男女と互に相知ること自然進退の一道なれば、終に和して此の男女と彼の男女と、父母と父母と親和して之れに嫁す。夫婦と為りて男は父と倶に耕し、嫁は母と供に織り、互いに安食安衣して夜は寝、夫婦感号し、昼は起きて夫婦親和して耕織」する。「増月増歳して多人と為り多里と為る」。「五倫各々夫婦と成り歳月かぞえるに随って五倫いよいよ盛んに多くなる。五倫多倫に成りて人里・邑村・多郷」となる（奈良本訳注、一九六六：二〇八〜二一〇）。

これは見事な〈モデル〉理論であって、〈調和論〉である。筆者のような意地悪い〈コンフリクト〉論者には、夫婦や親子（嫁姑）が親和しなかったらどうなるんだと疑問がわく。それはさておき昌益は夫婦は第一倫、親子は第二倫と並べ、従兄は第五倫であって、「五倫は夫婦の一倫なり。これが自然の五倫なり」と位置づける。後述するように、五倫とは儒教道徳であり、主として孟子によって主唱されたとされており、「父子の親、君臣の義、夫婦の別、長幼の序、朋友の信」を指す。これを昌益は批判的に捉え返したのである。

さて禽獣巻で、「穀精の人、人より人を生じて、多人と為り、耕道弘まり、人家門を並べ、互に親睦し、能事（よきこと）は互に譲り、難事は互に救い、営む所は、惟耕穀の五行なり……人家多く為ると人里、邑を並べ、炉中五行は薪木・燔火・灰土・鍋・釜・用水、常に人を生助して、其の余精六畜（りくきゅう）と成るなり」（奈良本訳注、一九六六：二八〇〜二八一）。そして、「人家、常に人住して自然の通気なり。……故に人と万物は惟（ただ）一精に穀の逆気中より通・横と発生せしめらるるものなり。故に転定は穀の一徳之れを行うものなり。故に穀は自然（ひとりする）転定の真妙なり。是れが人家の常行なり。故に小転定なり」（奈良本訳注、一九六六：二九四〜二九五）と結論づける。

つまり以上の記述には、〈夫婦―親子〉で家が形成され、家並みができ、耕作し、〈家と家〉で同族団を形成し、人々が相互扶助し、用水路を形成し維持し、村を形成し、〈自然村〉となることを克明に〈農村共同体モデル〉として示しているのである。そして、もっと驚くべきことに、昌益が生まれ亡くなった二井田村こそ、約二〇〇年後、一九四六年、福武直が敗戦直後に実施した〈東北型＝同族結合〉農村モデルの補助調査対象地であったのである（福武、一九七六：八一：細谷、二〇二一：八八〜九七；三宅、一九八一：三三五）[10]。こうして安藤昌益の歴史社会学は戦後農村社会学へ接合したのである。

第4節　安藤昌益の社会変動論――〈自然世〉から〈法世〉へ――

(1)農耕ベースの〈自然世〉概念

●原基的〈自然世〉モデル

上記は、ある意味昌益が考えた原基的〈自然世〉モデルであったと言える。いわゆるエンゲルスの〈原始共産制〉モデルとは大きく異なったものである。エンゲルスは狩猟採取と集団婚をもって〈原始共産制〉を考えていた。集団婚が存在したかどうかは疑問であるが、然るに昌益の〈自然世〉は、明白に狩猟採取時代より後期である農耕をベースとした概念であった。稿本『自然真営道』私制字書巻一において「自然の世は、転定とともに人業行なふて、転定とともにして微しも異はること無し。転定に春、萬物生じて花咲くは、是とともに田畑を耕し、五穀十種を蒔き、転定に夏、萬物の育ち盛んになれば、是とともにくさぎり、十種の穀、長大鳴らしむ。転定に秋、萬物堅剛すれば、是とともに十穀を實らしめ、之を収め取り、転定に冬、萬物枯蔵すれば、是とともに十穀のからを枯らし、實を蔵め來歳の種を為し、來穀の實成るまでの食用と為す……いつ之が始まるとも無く、何ん時之が終わるとも無く、眞に転定の萬物生の耕道と、人倫直耕の十穀生ずるとともに行なはれて、無始無終に転定・人倫、一和なり。転定も自(ひと)り然(す)る也。人倫も自(ひと)り然(す)る也。故に自然の世と云ふなり」(安藤昌益全集刊行会監修、一九八一：九〇)。

まさに四季を前提とする農耕＝自然世モデルである。熱帯地方には適用できない。〈自然世〉は中国史においては、古代の伝説上の帝王伏義より前の時代、日本史においては聖徳太子より以前が該当した。昌益は『統道真伝』糺聖失巻において、「伏義始めて王と為り、耕さずして貪食し、庶民を誑かして収りあげ、貴ばれんが為易を作り文字学問を始め、仰ぎて天文を観、俯して地理を察」(奈良本訳注、一九六六：六四；野口編、一九八四：二七九)したからである。また稿本『自然真営道』私法神書巻では聖徳太子が、自然神道に反して仏法の私制を信じ、釈迦のこの私法を真似をして、日本を神国と名づけたことから〈自然世〉が終焉したと読み取れる（野口編、一九八四：一九四；二〇二）11。

(2)社会システムとしての〈法世〉モデル

●〈法世〉モデル①――支配層と身分制――

将来社会の問題は、ここでは触れないことにして、〈法世〉モデルについて検討したい。鳥獣達の寓話からなる稿本『自然真営道』法世物語巻で、聖人と釈迦が登場して、みずから耕さず、貪食し、私法を立て王、公卿、大夫、大名、武士、職人、商人などの峻別が始まって、「法世」となったことを指摘する（野口編、一九八四：二二九；安永、一九九二：一〇九）。私法とは稿本『自然真営道』私制字書巻一によれば、「私失の法（こしら）い事」（安藤昌益全集刊行会監修、一九八一：九七）、民衆からの収奪機構とイデオロギーを意味する。

この法世について端的に示しているのが、「私法盗乱の世に在りながら自然活真の世に契ふ論」の一節である（野口編、一九八四：二四四～二四五；安永、一九九二：二二〇～二二一、安藤昌益研究会編、一九八二a：一三五～一三七）。本節は、非常に長いので引用せず、要約したい。

a、聖人がこの世に出現して、耕さず無為に過ごしながら天道・人道の直耕を盗んで貪り食い、私法を設けて民衆から租税を無理やり取り立て、栄華・奢侈の限りを尽くした。この聖人とは、伏義から孔子に至る中国古代の歴代の王と思想家をさすが、事実上社会の支配層を示している。『統道真伝』禽獣巻の最初で「衆人の上に立ち、不耕貪食して栄曜を好む者」(奈良本訳注、一九六六：二七五)と規定している文言と響きあう。

b、聖人は、王と民の上下二別の関係、五倫・四民といった私法を設け、この法を守るために賞罰の制度を設け、奢侈の限りを尽くしたので、下の民に羨望の念を生じさせた。四民とは士農工商を指す。したがって、『統道真伝』糺聖失巻(奈良本訳注、一九六六：四四；野口編、一九八四：二七三)[12]では中国古代史について言及しているが、実際には徳川幕府を批判していることになる。この糺聖失巻の「四民を立つるの失り」では非常に重要な指摘がある。「士とは武士である。君の下に武士の身分を立てて庶民の直耕の所産たる穀物を貪り、もしも強気にして違背に及ぶものがあったときには、武士が大勢でこれを取りひしぐことができるようにこれを制したのである。また聖人の命令にそむき、徒党をなして敵対する者には、この武士をもって討伐する。この用途も兼ね併せているのである」(奈良本訳注、一九六六：四四；野口編、一九八四：二七三〜二七四)。いわば暴力装置としての武士の機能を明確に指摘している。時代劇などでは武士が役人であるという側面が強調されるが、暴力装置であることを適確に指摘しているのである。

農工については、ここでは触れず、商について彼らは社会の敵であると述べ、「商人は諸物を売買するやからである。諸物の売買を天下の通用としたこともまた、これを制度として立てた聖人の大罪である」（奈良本訳注、一九六六：四六；野口編、一九八四：二七五）。まるでシェークスピアの『ベニスの商人』が想起される。元禄時代という商品経済が進展し、商人が経済権力を獲得しつつあることへの憎悪が現れている。

c、これは、金銀を貨幣として通用させることをはじめ、金銀を多く持っている者を上として高貴な者となし、少ししか、あるいは全く持たない者を下賤な者とみなし、すべて善悪に二分する……二別の法を設けた、という〈貨幣の物神性〉が想起される貨幣経済批判へ接続する。

●〈法世〉モデル②——鉱山開発と貨幣経済批判——

この部分は詳細な展開を要するので、項をあらためる。刊本『自然真営道』巻二で、昌益は、「聖人が現れ、掘ってはならない金属類を掘り出したので、大地から金気が失われ、山が崩れやすくなって川も洪水で埋まりやすくなり、木も生えにくくなり、水も湧きにくくなり、火災は発生しやすく、人間の心は脆くなって欲深くなりやすく、天気が濁って異常な気行になりやすい。これは自然のうちにあって金が守るべき場所を失ってしまったために、その剛く固めるはたらきが弱くなってしまったからである。これも聖人という賢しらな者が私欲のために自然の絶妙な気行を乱し誤らせた罰である。……金を掘り取ってしまうから大地が脆くなって地震が起りやすくなる。このことを理解していないから誤りである。このようにすべての天変地異は金を掘り取ったことに対する罰である。しかも金銀銅銭を鋳造して天下に流通させてからというものは、私欲を追い求める風潮がはびこり、贅沢・虚飾・栄耀栄華を好んで争乱をひき起す。鉄器の庖丁によって食物を贅沢に調理し、刀剣にいたっては人を殺害し自分をも傷つけるというように、金属の鋭さゆえの乱が起る。金銀の多くある者は人の上に 立って富み貴ばれ、金銀のない者は下位におかれて賤しまれ貧しい。つまり上下・貧富・貴賤などの差別は人間本来のものではなく、ただ金銀のあるなしを言ったものである」と金採掘の問題性と貨幣経済の問題点を指摘する（安藤昌益研究会編、一九八六a：二八一～二八二）。

この金の採掘に関して、昌益は、『統道真伝』糺聖失巻でも同様な指摘を行なっているが、西村俊一は、二井田村に帰村後大葛金山から鉱毒の影響で被った田畑の地力の低下奇病の発生に対して抵抗を試みたとする、昌益エコロジズム源流説を発表したし、八戸の大凶作による農民の置かれていた状態とともに、佐竹秋田藩の「鉱山開発」下の《抑圧》・《圧政》を背景として稿本『統道真伝』が執筆されたという田中義久の見解もある（奈良本訳注、一九六六：四七；野口編、一九八四：二七六；西村、一九九三：一八二～一八三；田中、二〇一八：三二；小林、二〇一二）[13]。いずれにせよ鉱山開発の問題性にまで踏み込んでいたことは現代的意義を有するのである。

●〈法世〉モデル③――仏教批判から争乱、大災害まで――

d、貨幣経済批判に続いて仏教批判が展開する。釈迦が現れて、欲心による迷いを付け足し、心の欲・行ないの欲が盛んになり、世は聖人がこれを乱すが、心は釈迦がこれを乱し、天下国家を盗もうとする欲と極楽往生をのぞむ欲が起こって止まるところがない。

仏教批判については後述するが、中世カトリック教会が中世封建制の支配的イデオローグであったことを想起させる一文である。

e、収奪は乱を引き起こし、乱は迷いを引き起こし、……王も戦いに敗れればただの僕となり、戎も王となり、諸侯も民となることがあれば盗賊も諸侯となり、……衆人は戦に巻き込まれて大いに苦しんだ。

いわゆる唯物史観流の階級闘争史観からすれば、どうしてここで乱立した農民一揆について言及がないのか疑問が生じるが、昌益が民衆闘争に言及しているのは、後述するように『統道真伝』万国巻においては、東夷国の項で「松前の方で、……犯掠有る則は蜂起有り、是れ夷人の私の罪に非ざるなり」と述べ、北狄国の項で「聖人と云う者、北狄と名づけ、禽獣の如く我等を嘲けるは私（こしらえごと）の妄言なりと、一動に怒り大いに蜂起す」（奈良本訳注、一九六七：三二；三八；野口編、一九八四：三五三；三五七）という二カ所である。

東夷国とはアイヌであり、北狄国とは満州族のことであるが、昌益が「我道には争ひなし、吾は兵を語らず、吾は戦はず」とか、同じことだが「吾ガ道ハ不レ語レ兵ヲ」（狩野、一九二八：三二八～三二九；渡辺、一九七〇：一三）と述べたと言われているので[14]、このことに関連しているのであろう。

f、最後であるが、人から吐き出される悲しみの人気が宇宙の気行を汚し、不正の気となって凶年の原因となり、疫病をはやらせ、天下の人がみな殺しになるほどの大災害が生じた。

●『歴大意』から稿本『自然真営道』へ

昌益が執筆した安氏正信名の『歴大意』（延享二［一七四五］年執筆）では、災害の勃発は仁政が不十分だから生じたという幕藩体制に期待していたが（若尾、二〇一二：二一二）[15]、一七五〇年代以降執筆したのではないかと見なされる稿本『自然真営道』私法儒書巻になると、聖人と釈迦が出現して以来、苛斂誅求しようとする邪な情と憂い悲しむ情、邪気と邪気が入り乱れ「時には六月に気候が寒冷で穀類が実らず、時には干魃が襲って穀類が熟さず、凶作となって多くの人々が餓死し、時には疫病が流行して多数が死に、国中が全滅するほどの大患となるのである」（野口編、一九八四：

九六）と天変地異について人災論を提起し、領主層を見限った。さらに「転道（天道）」を盗んだのであると、指摘される所論へと展開するのである（若尾、二〇〇四：一三三；若尾、二〇一二：二一一）[16]。

以上見てくると、昌益が「一〇〇年前のマルクス」論（寺尾五郎＝神田嘉延説）もあながち間違いではない程、鋭い徳川幕藩体制批判である。それでも昌益思想からは先回りして言えば、社会変動の論理を見いだすことはできないのである。

第5節　昌益思想の難点

(1)仏教批判とその限界――イデオロギー論

●イデオロギー装置

昌益は、その少なからぬ部分を道教を含む儒教と仏教批判に割いている。しかし、本章では仏教に限定し、道教を含む儒教については、カオダイ教研究を踏まえて、第4章で展開する。昌益の釈迦の出家批判にはきわめて面白いものがあるが、それはさておき、『統道真伝』糺仏失巻のなかで「人々に食物や金銭や品物を乞い、人々に慈悲心を起こさせ、慈悲は仏心であるなどを説いたことは、私意からでた大きな誤りである。自分で盗み食いしておきながら、人々に恩を与えるがごとくふるまい、慈悲心を起こさせ、成仏させるなどというのは、私意から出た妄失のはなはだしいものである」（奈良本訳注、一九六七：一四九；野口編、一九八四：二九七）と述べている。慈悲こそ罪の根源だという。

「無欲安心の境地にあった衆生に、慈悲心を起こさせるといって、慈悲を行えば極楽往生して成仏できるという欲心を起こさせて、衆生を迷わせた始めとなり、この世を常に妄感する地獄にしてしまって、自然の真世を失わせたのである」（奈良本訳注、一九六七：一五一；野口編、一九八四：二九九）。

「殺生、偸盗、邪淫、妄語、飲酒、これを五戒として人の行状をいましめる。これはさらさら別のことではない。釈迦自身が自分の罪過を語っているので」あると人格否定する。そして、「懺悔すれば重罪が減するなどというのは、まったくもって釈迦の偽言である」（奈良本訳注、一九六七：一六六：野口編、一九八四：三一二〜三一三）と断罪する。稿本『自然真営道』の私制字書巻二でも「佛法は、人死して天地と成り五十日にして生そ為す自然の道を知らず。而して人の死後に地獄・極楽の法（こしら）へして世を迷はし心施を貪り己を利する其の具ひに制（こしら）へ字也」と否定する（安藤昌益全集刊行会監修、一九八一：一八五）。

このような一刀両断の釈迦批判＝仏教批判であり、イデオロギー装置としての仏教であるかのようである。昌益は「自然の神道」のみが正しい信仰と見なしていたのである。ただ単にイデオロギー装置に留まらず、江戸時代の寺院が寺請制度によって、あらゆる人々が何らかの寺院に所属しなければならないという支配装置の一部となっていたことへの批判も意味している。

●仏教の積極面

この仏教をイデオロギー装置と断罪する論理が、同時に仏教が有した積極的な側面まで水に流してしまったのである。第一に、昌益は救済をどう考えていたのであろうか。日本では中世における民衆の救済は、仏教に委ねられていた。民衆が貸借関係の縁を切れる無縁所や貧困や病者の救済、身寄りのない孤児を収容する悲田院が存在した。近世に入っても様々な事情で女性の側から離縁することが可能な「縁切り寺」が存在したが、こういう機能をすべて否定してしまうのであろうか(橋本編著、二〇一三)[17]。あるいは知らなかったのかも知らない。昌益の仏教観が『太平記大全』という書物を下敷きにしたものだと言われており、そのことも大きな要因であろう。

第二に、近代社会成立期の民衆闘争は大規模な農民戦争型になる場合には、精神的権威を獲得する必要性があるため宗教形態をとるのが世界史的通例である(安丸、一九七四:八〇)。近代社会成立期ではないが、昌益は島原の乱について知っていたものの、この意義についてどの程度認識していたのであろうか(陳、二〇〇一:八八)。寺尾五郎は『昌益全集』十六巻上の「解説」で、神道が外来の仏教（宗教）によって圧倒されていく文明史的過程として把えていると理解している（寺尾、一九八六a：七）。いわば昌益の場合、民衆闘争における仏教を含む宗教の積極的側面は無視される結果となっているのである。これはある意味、後述するように「平和主義者」の昌益にとっては当然な帰結とも言えるのである。

(2) 昌益思想の偏狭性

● 下層階層への批判

ところで昌益は農民階層の立場から、徳川幕藩体制を批判し、聖人、武士、商人批判を徹底させている。ところが乞食、いわゆるホームレスについては、生産活動に従事しないから、他人の施しを受けて不耕貪食するので、聖人と同一だと見なしていると、陳化北は既に指摘している。すなわち「乞食は人々の施しをするのを待ってこれを貪り食うけれども、施し物がない時には餓死はしても盗みを働いたりはしない」（『統道真伝』糺聖失巻、奈良本訳注、一九六六：三〇；野口編、一九八四：二六二）がそれで、ここでは昌益は乞食に同情心を寄せている。

また「遊女の始まり」の項で、「世に私利のために貧家の娘たちを多く抱えて養い、淫を好む男性をたぶらかす者が出ることになる。……また多くの女に一人の男がやたらに交わり、これを遊女と名づけ、恥ずかしげもなく夜をもって昼となす営業をおこなっている」（奈良本訳注、一九六六：三五；野口編、一九八四：二六五〜二六六）と遊廓批判を行っている。無論、ここは遊郭批判が主題ではあるものの、あまりに簡単に「貧家の娘たち」として終わらせ、それこそ彼女たちの心身を滅ぼすような苦難を理解する姿勢が見られないのは、どうしてであろうか。これは前述の「民衆の救済」を無視する態度と共通する。無論、一夫一婦制こそ絶対善であると見なした昌益であるからして、苦界に身を落とした女性を心から理解しようとは思わなかったことであろう。

また「四民を立つる失り」で省略した工について見よう。「工匠は無用の長物である 工は工匠、諸種の器財を作ることを生業とする者である。この身分をもうけた聖人は、美しい家や城郭を建てるため、諸器財を自由に入手するため、美しい衣服や美食で華美をつくすため、軍用品のため、いずれも自分を利するためにこれを兼ね用いているのである」。「ああ、もしも聖人が世に出ることがなかったら、どんなによかったことだろうか。天下万国ともに、人々は直耕し、直接自分で家を建て、直接自分で器物を製作し、無益の香り・飾りをせずに、乱も患いも知らず、宇宙と生死をともにすることができたであろうに。城郭・高楼・堂塔・寺社などを盛大に飾り立てて作り、無益な濫費の端緒となることは、それだけの大仕事をする工匠の徒輩がいるからである。もとはといえば、みな聖人の罪過である」（奈良本訳注、一九六六：四五〜四六；野口編、一九八四：二七五）。

●反都市主義的〈偏狭性〉

ここには、聖人批判に急なあまり工匠を否定する偏狭な昌益の態度が、如実に現れている。驚くに値する反文明主義ではなかろうか。「直耕し、直接自分で家を建て、直接自分で器物を製作し、無益の香り・飾りをせずに、乱も患いも知らず、宇宙と生死をともにすることができたであろう」という。確かに江戸時代には農間余業として農民が大工を兼業していた。「一〇〇年前のマルクス」論は、マルクスが『フランスの内乱』で「生産者階級」という用語を用いているとして、昌益との共通性を読み取るが（寺尾、一九九三：九四）[18]、昌益が工匠を否定した時点で成立しないはずである。そもそも「『天児屋根命百四十三代』などと称している人が、共産主義とか社会主義とかに似た感じの何かはあっても、「通ずる思想」などを持つとは、どうしても考えられ」ない、という意見もある（新野、二〇一五）[19]。

安藤昌益は、訓点付きの漢文や国字解などの二次的著作・翻刻によって知識を得る「中間的文化層」であって、漢文の白文・梵文や万葉仮名などで書かれた原典を読解できる「専門的知識層」ではないと規定されているが（三宅、一九九八：四二～四三；三宅、二〇〇一：三四～三五）、茅沼紀子は昌益は独学で『倭漢三才図会』を学んだのであり、「田舎者コンプレックス」から都会（大坂や江戸を指す）

への反感を強めたと指摘する（茅沼、一九九六：一六三）[20]。このような「コンプレックス」は物語であるが、昌益が反都市主義的〈偏狭性〉であったことは間違いない。

(3)〈法世〉から〈自然世〉へ

●過渡期論

それでは法世（「私法盗乱の世」）から自然世には、「平和主義者」昌益は如何にして移行するのであろうか。それは上に立つ者の善意に期待する「過渡期論」であり、「社会的ユートピア」である（ザトゥロフスキー、一九八二：一八六）[21]。

この「過渡期」とは、上に立つ者が、領有する田地を定め、上の一族に耕作させ、自給自足させる社会である。そこでは租税を廃止し、遊民（僧侶・山伏・神官）、遊芸、慰戯、売色を禁止し、貨幣を廃止する。学問は不耕貪食し天下国家を盗む根源であるので、これを廃止し、衣服は、絹は禁止し、上に立つ者は木綿の衣装、下の者は麻の衣装に限定する。菜食主義に限定し禁酒政策を徹底する。たばこは禁止、美食美衣も禁止する。悪事を行った者は、一族が食事制限し、再度悪事を行った場合には殺害する。

こうして無欲・無盗、無乱・無悪・無病・無患の自然世に至るとされる（野口編、一九八四：二四七

〜一二五六：安永、一九九二：二二三〜二三二)[22]。この服装の制限は江戸幕府の下で発令された「衣服制限令」(一六二八［寛永五］年)の木綿、または麻に限定していることの踏襲であり、一六四三(寛永二〇)年には紫や紅梅色も禁止された。

学問を否定し、文化を否定する社会に進歩はない。それはシェークスピアやゲーテを愛したマルクスとはかけ離れたものであり、それがジョリ(Joly, J)のいう「人間性を無にする」社会(ジョリ、一九九三：七九)。に至ることは明白である。娯楽も服装も制限された社会はただ黙々と直耕する社会で〈ユートピア(理想郷)〉ではなくて〈ディストピア〉となるだろう。山﨑庸男は、「邑政」(過渡期)の内容について思弁性が作為性が強く、「昌益思想の受けては柔らかく対応して良いのではないか」(山﨑、二〇一六：二七九)と軽視して良いと判断しているが、この現代的意味を考えるとかなり重大な問題を含んでいる。

第6節　安藤昌益の思想的意義と若干の歴史社会学的貢献

● 昌益思想の現代的意義

以上、筆者は安藤昌益の歴史社会学的検討を加えてきた。そこには現代的観点からすれば許容し難い問題点も見出された。それにもかかわらず、昌益の思想には現代的意義がある。それは第一に生命の再生産を根底においた人間、動物、植物を含めて串刺しにした自然の循環思想であった。だからこそ男女と書いてひとと読んだのである。無論このような生物学的人間論に批判があるのは理解できる。しかし、生命科学を応用するのではないならば、人間が生物であり、自然の一部であるのは絶対的真理である。〈少子化〉の行き着く先が、人がいない廃墟であるとすれば、今一度昌益の思想に立ち返るべきであろう。

第二に、〈直耕〉という農業を基礎においた思想は、戦後日本が一貫して農業棄民政策を採ってきたことに反省を促すものである。食料が人間と動物にとって不可欠な物資であるのは、当然である。昌益が、飢饉や疫病が人災であると見なしていたことを思い出したい。現在我が国の食料基盤が失われつつある。まさにこれは人災そのものであり、昌益は警鐘を促しているのではなかろうか。

第三に、昌益が鉱山開発に伴って「地振が汰り易く」なると指摘していることを想起したい。人類が統治できない規模の科学技術を用いた原子力開発の矛盾が、巨大地震によって生じたのは、つい一二年前である。改めて開発の対象として自然をみる見地から、人間が自然の一部であることを再認識させるという意義があると言えるのである。

第四に、農村社会学や地域社会学にとって、昌益が描き出した〈家〉―〈村〉の姿は、歴史社会学的に見ると〈同族〉結合から〈自然村〉形成の論理でもあったことを再認識させたといえよう。そしてさらに戦後の福武農村社会学との接点も浮き彫りにした。

第五として、昌益校訂・訳注本に少なからぬ間違いが見出されたが、ベトナム研究者としてこの点について、訂正することができた。これにより今後の昌益研究に幾許かの貢献をできたと見なしている。

注

1　社会学者の研究としては、安永自身元来はマルクス主義社会学者であった。その後、神田嘉延（二〇一七）が「安藤昌益の互生論と共生概念」について論じており、田中義久（二〇一八）が安藤昌益について「《自然法》の世界の先駆例」とか「『日本型』市民社会を創出するための『ひとつの里程標』」であるという近代主義的解釈を施している。また歴史社会学者の山内明美（二〇一一：一〇四〜一一九）も昌益について言及している。

ここでいうベトナムでのというのは、正確にはベトナム語圏でのというべきであろう。

2　詳細はチャン・トゥアン（二〇二二）五八ページ以降参照。https://plaza.rakuten.co.jp/kazuhyong/diary/202111230000/

3　奈良本は、天竺国の話が『天竺徳兵衛物語』をしき写しにしたようなもの（奈良本訳注、一九六七：三三八）と指摘しているが、宝暦七（一七五七）年刊行の『天竺物語』には「中天竺茶屋六根伽羅山」（傍点引用者）と記載されていることがわかる。そうだとすると昌益が参照したのは、『天竺物語』か否かという問題へ至る。

4 なお現代語訳をベースに記述しているが、原文を踏まえて一部変更を加えている。

5 校倉書房版『安藤昌益全集』第一巻によれば「男女」を「ひと」ではなく「だんぢょ」と読むと但し書きがある（安藤昌益全集刊行会監修、一九八一：三）。

6 この混同は野口武彦も茅沼に先立って同様な解釈を行っていた（野口編、一九八四：四八）。なお昌益が穀精という概念にこだわった理由は、昌益が学んだ本草書からの継承であるという（若尾、二〇〇四：二一八〜二一九）。

7 なお島守光雄は、昌益も愛について言及していると指摘する（島守、一九七四：二四一）。山崎庸男は、昌益の「平等論」は「真体論的平等（一体、同体）論」であると規定する（山﨑、二〇一六：二三六）。

8 むしろ『統道真伝』人倫巻で不産の男女について論じている項こそ批判されるべきであろう。すなわち「人の如き、男は進退、女は退進なり。故に経水無き女は退気厥くる故に、男の進退を合すと雖も子を胎むこと能わず。之れを産まず女と曰う。また、女の経水能く通じ退進すれども、男の気虚脱するかその退気不足するか何れか一気かくる則は、また子を生むこと能わず。之れ生まず男と曰う。五穀の精神に生ずる一般の男女、此の如く不調の有るは人私の失りなり。其の母の胎中に於て毒物を食うかまた身持を守らざる則は、共の子に此の不調有り。また母失らざれども、子生まれて後放逸に成人して病者と為り、此の不調有る故、是れ自然の所行に非ず、皆人私の失りなり」（奈良本訳注、一九六六：二一七）。このような子供のできない夫婦を人格攻撃を持って批判することこそ、当時の医学水準は不明であるが、批判されるべきである。

9　東條榮喜も「封建的だとか家父長的だとか決めつけるのは不適切である」と筆者と同様な提起を行っている(東條、二〇二一：二九)。

10　福武は、この地方では村が郷中であるとともにその自律的行政機構もそれを構成する人も同じく郷中と呼ばれると規定しているが、二井田村内においても集落のことを郷中と呼ぶとは限らず、二井田本村では丁内と呼んでいたようである(三宅、一九八三：九五)。

11　あわせて『統道真伝』糺仏失巻〈日本に仏法到来し日本を迷わすの論〉(奈良本訳注、一九六七：二二八〜二三四)参照。

12　なお出版された刊本『自然真営道』が直後に越後で読まれていたことが明らかになっているが(三宅、一九九六：三八八〜三八九)、この指摘を受けて山﨑庸男は近世的視座からすると刊本は中国儒教の聖賢批判の書で「四民」は異国・中国の事柄であると理解されていたと指摘する。さらに〈法世〉についても異国の聖人の私法に対する批判であると理解する。しかし、山﨑のように理解すると江戸時代のご法度に触れるような稿本をなぜ昌益が執筆しようとしたのかを理解できなくなるだろう(山﨑、二〇一六：二六二〜二七四)。

13　因幡孝夫によれば、時代が大きく異なるが米代川の鉱害は尾去沢鉱山の影響であると指摘している(三宅、一九八三：一四三)。

14　ここについてはよく指摘されるように該当箇所を見出せず、稿本『自然真営道』第二五巻良演哲論において高橋栄沢(大和守)に語らせて「兵法[原文は軍術]は、人を殺したり自分が亡んだり、人を亡ぼしたり自分が殺されるといった死闘によって、天下国家を盗もうとするものです。……昌益一門においては、兵法のことはごくわずか触れるだけでも活真の大敵です」と言及していることを指しているのであろう(安永、

一九九二：二一三；尾藤、一九七七：三五五）。

15 なお『暦ノ大意』では「人君タル者（ノ）ハ必ズ天文・気候ヲ察シテ、暴風・霖雨ノ支干、剋伐ノ行ハルル時ハ、仁政ヲ施シテ民ヲ悦シム」（安藤昌益研究会編、一九八六c：一七七）、と記されていた。

16 これに対して山﨑庸男は逆に私欲を否定して仁政を要求する点に注目し、中期以降昌益が急進化した要因を飢饉に求めることに疑問を提起して、前期と中期の一貫性を指摘する（山﨑、二〇一六：一一〇）。

17 八戸では宝暦六（一七五六）年二月、窮民の窮状を見かねた十四ケ寺院が「窮民救済の資に充用せんとの趣旨を以て托鉢執行を願出許可す」（上杉、一九九一：四四三、［初出は一九五四年］）とあり、昌益もこの寺院の救済活動を知っていたはずである。なお八戸藩領には「駆け込み寺」がなかったため、離婚を求めて見ず知らずの町の権勢家に駆け込むことが生じていたが、まさに昌益が八戸にいた延享四（一七四八）年には駆け込み禁止令が出ており、駆け込みがしばしば生じていたことを伺える（三浦、二〇一九：一四五～一四六）。

18 寺尾五郎「安藤昌益の思想と現代」（農文協編前掲、九四）。既に上杉修は一九五四年にマルクスやバクーニンより一五〇年前に出現した共産主義と述べていたし（上杉、一九九一：四四三）、狩野亨吉は「農本共産主義」と規定していた（狩野、一九二八：二二）。

19 この稿本『自然真営道』第二五巻「良演哲論」にある「天児屋根命百四十三代」については、安永も「あめのこやねのみこと」（安永、一九九二：一七八）とルビを振っているが、原文は「兒屋根百四十三代」である（安藤昌益研究会編、一九八二b：九三）。

20 ただし茅沼も筆者と同様に、「貧家の娘が」身売りせざるを得ない事情について、昌益が見落としたことについて四半世紀も前に言及している（茅沼、一九九六：一六一）。

21　「過渡期論」の着想は、後述するように墨家の思想の影響とともに当時八戸藩で実施されていた藩士の水田手作（自作）制度にヒントを得たのかも知れない（八戸市史編纂委員会編、二〇一三：三六二〜三六四）。

22　昌益は「良演哲論」で「わざわざ治平を望まなければ争乱も起こりません」（安永、一九九二：一九二：尾藤、一九七七：三四九）と述べているが、「過渡期」は、私欲ではないという意味では〈私法〉ではないものの、争乱すら起こさせないような〈治平〉そのものに見える。なお昌益の「無欲」概念は検討が必要である。

第3章　直耕——互性、都市、正人

第1節　問題の所在

●荻生徂徠と安藤昌益

筆者は、二〇〇八年一二月、藤田弘夫・吉原直樹とともに共編で、東信堂から『アーバン・ソーシャル・プランニングを考えるⅡ　世界の都市社会計画』を上梓した。藤田は本書で「都市社会計画の比較社会学」を論じ、伝統社会の都市思想として荻生徂徠について言及した。藤田によれば、徂徠は消費の増大が武士層の経済的困窮をもたらし、貴賤尊卑の間の「礼」を曖昧にするので、武士の農村還流による都市の縮小を主張していたと述べる(藤田、二〇〇八：九)。

筆者は二〇〇九年以後一一年間毎秋本書を取り上げ、授業でこの部分を紹介してきた。そして、荻生徂徠について言及した後、必ず安藤昌益を紹介した。江戸の退廃を指摘した徂徠と対比する形で徳川幕藩体制を批判した昌益の紹介である。

しかし、この対比が間違っていなかったことを最近確信した。既に一九七〇年代の末に徂徠と昌益を対比している論文があることを発見したからである。徂徠にとっては「聖人」は、〈制度〉の作為者であり、彼の思想の根底に据えられる存在であった。まさに昌益が「聖人」を諸悪の根源とみなしていたのとは対照的であった。また徂徠は、「礼法の制度を立てる」ことが重要で、「上下差別」を明確化せよと指摘し、「四民を立つるの失り」と述べることで〈私法〉(こしらへごと)批判した昌益とは対照的であったのである(今宿、一九七四：二五四〜二五五)。

ところで第2章では、第一に昌益の基本概念である「直耕」と「互性」に関して、筆者は旧稿以上に十分検討していない。第二に昌益の〈家〉と〈村〉については言及したものの、農村と対比される都市については、未検討である。第三に「聖人」については論及したが、対比されるべき「正人」についても言及していない。そこで本章ではこれら三点について考究することで、昌益の歴史社会学形成に寄与することにする。

第2節　直耕と互性

⑴直耕について

●生殖行為としての「直耕」

第1章の旧稿ではいわゆる「契《カナ》フ論」（稿本『自然真営道』二五巻、良演哲論「私法盗乱ノ世に在リナガラ、自然活真ノ世ニ契フ論」）に基づいて「直耕と互性」の説明を行った。これに対して第2章で指摘したように、茅沼紀子や野口武彦は「直耕」を生産行為のみならず生殖行為（人類の再生産行為）に還元していた。これは以下の文に由来すると見なされる。すなわち、『統道真伝』糺聖失巻における「男を去れば女無く女を去れば男なし。故に是れ転は定を以って妻と為し万物生ず、是自然の直耕なり。……男は二の妻妾無し。転定にして夫婦の一体、男女にして転定の一人、是れ自然直耕の真道なり」。あるいは「良演哲論巻」の「転真万物生生ノ直耕ト穀精ナル男女ノ直耕ト、一ト与（とも）ニ直耕ノ一極道ナリ」という文章である（安藤昌益研究会編、一九八二a：一七九；奈良本訳注、一九六六：一三三〜一三四）。確かにこれらの表現から読む限り「直耕」とは生殖行為を示している。そこで、「直耕」概念を検討することにしよう。

まず稿本『自然真営道』私制字書巻一を見てみよう。直という字を、昌益は正居・平座・愼徳・

無私の象どり字なり。すなを・なおし・すぐ・まこと・ますぐ、と記載している。この昌益編纂の「漢和辞典」から判断すると直耕で使用している直は「すなを」「まこと」「ますぐ」という意味が相応しいようにみえる。では耕の字はどうであろうか。これは「和訓神語論」に書かれている。「耕スハ『田反(タカヘ)ス』ナリ」である(安藤昌益全集刊行会監修、一九八一：一三六〜一三七；安藤昌益研究会編、一九八六b：二四八)。

●直耕と耕作

耕すがどう考えても田畠の耕作に関わる概念であり、だから直耕概念を持って「生殖行為」を含むと理解することには無理がある。直耕という用語は、実は『統道真伝』(一七五二年執筆中)および刊本『自然真営道』以後、稿本『自然真営道』に到るまで、頻繁に使用されている。この私制字書巻一でも直耕について言及されている。宝暦乙亥五(一七五五)年二か月と記された「序」において「転定運回し、時行なはれて、萬物生し竭(つ)くること無きは、無始無終なる自然の眞、感(うご)いて進退する直耕なり。……男は耕し女は織るは、常に営み自から感く自然の所行也」(安藤昌益全集刊行会監修、一九八一：四五)。ここでの直耕は、自然の生成のことである。その後の「男は耕し女は織る」は現代のジェンダー論からすれば、性別役割分業だと批判を蒙るだろうが、我々はこれが江戸時代の記述であることを理解しなくてはならない。

また『統道真伝』糺聖失巻では、生殖行為とは異なる直耕概念も示されている。例えば、「農は直耕・直織・安食・安衣・無欲・無乱にして自然の転子なり」。「転定に在りて自然(ひとりして)小進して春時の生発、能く真なり。夏時の盛育して能く真なり。小退して秋時の実収して能く真なり。大退して冬時の枯蔵、能く真なり。平正にして自(ひと)り進退して、一歳八節の妙用を尽し、万万歳・無始無終の真なり。是れ即ち自然(ひとりする)直耕なり」(奈良本訳注、一九六六：四五；四一〜四二；野口編、一九八四：二七五；二七二)。これは農耕の自然暦であって、ここには明白に直耕とは農耕であるという読んで字のごとくの定義がなされているのである。

●〈自然世〉の原型

さて執筆時期は『統道真伝』より先であると見なされるが、一七五三年に唯一出版された刊本『自然真営道』巻二でも、以下のように『統道真伝』糺聖失巻の農耕の自然歴とほぼ私制字書巻一と同様に記述されているのみならず、いわゆる〈自然世〉の原型と見なされる記述がある。「春・生発、夏・盛育、秋・実収、冬・枯蔵ノ耕織ヲ為ストキハ、則チ五行自リ然ル小大・進退ノ妙用ノ常ニシテ、人倫世ニ於テ上無ク下無ク、貴無ク賎無ク、富無ク貧無ク、唯自然・常安ナリ。……進退退進ノ一気ノ妙行・無二一真ノ転定・人倫・神情、是レ直耕ノ自然ナリト教道ヲ為スベキコトナリ、然(しカ)スル則ハ自然ニ全キ人世ナル故、乱欲無シ。欲乱無キ則ハ、転定ト同徳ノ世ナリ」。この傍点部分は現代語で「進退退進する気の働き、唯一真(まこと)である転定の生成・人倫・心情こそ直耕する自然である」(安藤昌益研究会編、一九八六a：二〇〇〜二〇一)[1]と訳すことが可能である。因みに「無二一真」という概念こそ昌益思想の核心であるという(山﨑、二〇一六：一九〇)[2]。

　ようやく冒頭の良演哲論巻の「転真万物生生ノ直耕ト穀精ナル男女ノ直耕ト、一ト与(とも)ニ直耕ノ一極道ナリ」を検討可能な後期の昌益思想を検討できる段階に到達した。この穀精について、尾藤正英は、「米穀の精が凝って成った人」と注記しており、安藤昌益研究会の現代訳でも「活真が万物を生みだす直耕と穀物の精が固まって生まれた人間の直耕」と訳している。安永寿延はより明確に「転の活真が万物を生じつづける直耕と、穀物によって生き、穀物の精というべき男女(ひと)がその穀物を手に入れるための直耕」と訳している(尾藤、一九七七：二四五：安藤昌益研究会編、一九八二a：一七九：安永、一九九二：一七八)。つまり茅沼紀子や野口武彦の「直耕」解釈は、昌益の初期の「直耕」概念と理解すべきである。

●「大序巻」における「直耕」

むしろ、ここで触れておかねばならないことは、稿本『自然真営道』第一巻の「大序巻」における「直耕」論である。その文章を見よう。

「無始無終なる自然、転定活眞の妙行は、直耕の一道にして、全く二道無し。其の至證、爐内、面部なり。故に人は活眞通氣にして、直耕して食衣備はる也。活眞、横氣に回りて四類生じ、四類の大小互食する、乃ち互性の直耕也。活眞、逆氣に回りて屮木(そうもく)を生じ、屮木の逆木を食らふは、乃ち屮木の直耕也。直耕とは食衣の名也。食衣は直耕の名也。故に転定・人・物は、食衣の一道に盡極す。其の他に道(みち)といふ、ことは絶無なり。故に道とは直耕・食衣のことなり」(安藤昌益全集刊行会監修前掲書、一九八一：八〜九)。

ここで注目すべきは、直耕概念が人の食衣のみならず、互性(四類―鳥獣虫魚―)、草木にまで拡がっていることとである。つまり生物がその生命を維持し成長していくためには「食べる＝栄養の吸収」という行為が不可欠であり、食物連鎖の思想がはっきりと示されているのである。だから農耕の重要性という意味でエコロジカルなだけではなくて、食物連鎖に着目することでも生態系に着目したという意味でエコロジカルな思想なのである。では何故衣食があって住がないのか。それは農耕の自然歴の思想に基づいており、四季のリズム、男は耕し女は織るという分業観を前提としているからであろう。であるからして家を建てることが含まれていない以上、直耕概念を生産労働一般に還元することはできないのである。だから初期の生殖を含む直耕概念から、後期の食物連鎖へと変化していると見なすべきである。

⑵互性について

●相補的関係としての「互性」

「互性」について、筆者は互性論一般を論じるつもりはなく、上記直耕論のようにその変遷を検討するつもりもない。あくまで互性については、前章で検討した「生命（類）の再生産論」＝生殖論として検討することが目的である。その限りで、互性論一般についても触れておく。

まず「私制字書巻」をみておきたい。昌益は、巻一で互(ご)は、二(ふた)リガ左右……ニナリ中能(なかよく)和シテ横ニナルヲ、互ヒニ作ル象リ字ナリ。横ニ成ルハ寝ルナリ、夫婦一和シテ寝ルハ……互ヒナリ。又二人心安フシテ一和シ、横ニ寝テ別心無ク」、「互(ごう)とは互ひに一つに成ると制(こしら)へたる也。」と述べ、巻二で「性(せい)、心を生かす、生かす心。故に、たましい・いのち」と記述する（安藤昌益研究会編、一九八四ｂ：一八一；安藤昌益全集刊行会監修、一九八一：一五二〜一五三；二四九；野口、一九八四：三八一）。そうだとすると互性は、「互いに一つになるよう生かす」のであって、念頭にあるのは「夫婦一和シテ寝ル」発想なのである。山﨑は「近世医学において『互性』論は、自然界と人体の相互のネットワーク、人間の精神と肉体の有機的な構造連関などを説明するための認識論・原理論・疾病論として説得力をもった」(山﨑、二〇一六：二六六)と述べており、弁証法的な「対立と統一」であるとは到底見いだせないのである。したがって、異質なものの相補的関係を指す概念で、英語の mutualization や reciprocity に近い概念と理解すべきなのである。

●自然の再生産と生命(類)の再生産の結合

ここで第2章でみた互性を「自然の再生産と生命(類)の再生産の結合」として理解した箇所について再考しよう。

「男の本性は女、女の本性は男、男女互性で活真の人である。雄鶏の本性は雌鳥、雌鳥の本性は雄鶏、雌雄互性で活真の鳥である。(獣の)牡の本性は牝、牝の本性は牡、牡牝互性で活真の獣である。雄虫の本性は雌虫、雌雄互性で活真の虫である。雄魚の本性は雌魚、雌雄互性で活真の魚である。雄草の本性は雌草、雌雄互性で活真の草である。雄木の本性は雌木、雌雄互性で活真の木である。このようにして、天からとり上げれば天地互性で活真、地からとり上げれば地天互性で活真である」(安永、一九九二：二五六；安藤昌益全集刊行会監修、一九八一：二〇)。この段落の冒頭は、原文では「活(い)きて眞(まこと)なる故に、常に進退互性に妙行して、一息止むこと無し」という文章で始まっている。だから生物は互性(相補い互いに一つになって)真に活きているということになるのである。しかも、この文脈からすれば、人間も動物も生物も男女・雌雄で活真するのは受精ということ以外に考えられないのである。だからこそ互という字が「夫婦一和シテ寝ル」に基づくのである。

ではこの「生命(類)の再生産」=生殖としての互性論は、まだこの用語が使用されていなかった『統道真伝』では、いかに論じられていたのであろうか。「万国巻」で「五妙は一真の図解」の項に登場する。「五妙とは自然の進退にして、転定・日月・男女・万物は統(すべ)て夫婦の道にして生生無礙(むげ)なり。故に之れを妙と曰う」。「自然(ひとりする)真の感気は進退和合の一真妙なれば、転定にして一妙、日月にして一妙、男女にして一妙、牡牝にして一妙、雄雌にして一妙、お虫め虫にして一妙、お魚め魚にして一妙、お草め草にして一妙なり」と書かれている(奈良本訳注、一九六七：八二〜八三)[3]。

つまり『統道真伝』における一妙が「大序巻」において互性に転じたことは明白であり、だから和合することが一妙なのである。医師昌益であるがゆえに、「自然の再生産と生命(類)の再生産を結合」できたのである。つまり直耕がエコロジーに結びつくだけでなく、互性もまたエコロジーに結びついているのであり、きわめて卓見である。

第3節　昌益における都市

●「私制字書巻」での都市

直耕を重視し、『統道真伝』人倫巻で「人の生死は米穀の進退にして人の生死に非らず」（奈良本訳注、一九六六：二一二）とまで述べ、米穀を徹底的に重視した昌益に都市論はあるのだろうか。都市論は無くとも都市認識はある。少なくとも延享元（一七四四）年から宝暦八（一七五八）年にかけて現青森県八戸市の中心部に町医者として居住していたことが確認されているが、彼が居住していた当時の八戸藩の領内人口は寛延二（一七四九）年時点で、七一、三五二人であった（八戸市史編纂委員会編、二〇一三：六四）。

昌益は、「町」という字について、「私制字書巻三」で田ノ如く「（現代語訳で）縦横に土地を区切る」、「ツボ・マチマチ」と記載している。「京（けい）」については同書巻二で、「亠（たてかぶ）りして立ちたる人の貌に似て、樓（やぐら）・天守等、遠見するに幽（かす）かに見ゆる京（けい）・都（と）・城（じょう）也と視（み）る象どり字也」「みやこ・さかん」と述べる。さらに同書巻三で「都」については、者阝（ヒトアツマル)、故ニミヤコ・スベテ」、阝(ムラ)ノ者(モノ)トスル則チ都(ミヤコ)ノ義理ニ非ラズ」と書かれている。これについては「阝(むら)の者と字解したのでは、都とする理屈が通らない」と現代語訳されている(安藤昌益研究会編、一九八四b：三九五；四九七；安藤昌益全集刊行会監修、一九八一：一五四)。

これを見ると「町」を除いて、「京」も「都」もさして違和感を覚えない。しかし、「ツボ」とは何か。どうやらこれは「坪」のことらしい。同書巻二で「坪(へい)は、平土の象(かた)どり字。……ひらち・なだらか」(安藤昌益全集刊行会監修、一九八一：二〇九)と記載されている。つまり町は、平地を区切った場所と理解されていると言える。

● 昌益の都市認識

では昌益は都市をどう認識しているのであろうか。昌益の都市認識は、『統道真伝』糺聖失巻に登場する。具体的には次の四か所である。まずa「商道は、不耕にして利を巧らむ諸悪の始なり。是れ金銭を以て、通用する所に始まる。故に利欲に走る諜(なかだ)ちなり。故に商家多く耕家少き則(とき)は、転下の乱早く至る。上下反倒して苦しむ。是れ聖人の罪なり。故に和邦三大処の商家を以て之れを視よ。悉く無益有害」である(奈良本訳注、一九六六：四九)。この三大処は、現代語訳では三都あるいは三大都市と解釈され、江戸、京都、大阪と理解されている(野口編、一九八四：

二七八。安藤昌益研究会編、一九八四c：一四四)。

b「私を以て貧家の娘の多女を拘養し、淫を好む男を誑かす。此の事始めは隠密なるも、積年を以て多事と為り、終に其の処の繁栄の為めと号し、之を営む者多く成り、後和邦《わほう》に伝わり此の業を為し、今世に至りて国国に満ち、都市大府には盛盛之を業とす。……遊女と号して恥じること無く、夜を以て昼と為すの業は、……人倫の身を以て獣業に住む妄乱の世と為る」(奈良本訳注、一九六六：三五)。

c「耕す者日々に少なく、費のみ多く産物の出ること少なく、積り溢れて終に転下国家の争乱・上下乱亡の根と為る。琴・琵琶・簫《しょう》・和琴・笛・尺八・太鼓・小鼓《こづつみ》・三味線、以て音楽の鳴器類是なり。悪事万国に走りて、聖人の国のみか、他国まで伝わり回り、乱世の根と為る。故に今世和国の大府の人倫、音楽・鳴器・女遊に泥《なず》み蕩《とろ》け迷いて、本神正体なる者は僧俗男女一人も之無き世となる」(奈良本訳注、一九六六：三六)。

d「多妻・密通・此の淫溢れて遊売女を巧み出し、漢土・天竺・日本の都市・津府に売女満ち、上下主従、女色遊乱に泥み、妄淫乱狂全く禽獣の業に異なる無し。故に人縦《ほしいまま》に歩行して妄横の獣業なり。是れ自然正道の人間、聖人の為畜業の世と為る。悲しいかな。都市の地に於いて道に志す正人出ること能わざる所以も是なり。故に道に志す者は都市繁栄の地に止《とど》まるべからざるなり」(奈良本訳注、一九六六：一三四)[4]。

これを見ると昌益は、都市を支配関係の結節点と見るのではなくて、もっぱら商業批判＝市場関係に基づく文化批判の見地から理解していることがわかる。特に都市の爛熟と腐敗の象徴＝凝集点として遊廓を批判する。

●茅沼紀子における大都市

問題はこの先である。b、cの大府とは何かあるいは何処か。dの津府とは何かあるいは何処かである。この点について、「大府」とは江戸である。「津府」とは大坂であると指摘したのは、茅沼紀子である。「この文中で昌益は『大府』と書いてあるから、江戸を指し示すものとわかる。昌益は江戸から大坂へと赴いたか、それとも大坂へ出た帰路に江戸を覗いたか、ここで都会人どもの遊興ぶりを垣間見たのであろう」。「『津府』とは、大坂を指しているとわかるだろう。上坂して、まだ間もない頃の昌益が、遊里の喧騒ぶりに愕然とし、辟易している様子が見て取れる」(茅沼、一九九六：一五八：一六〇)。全く根拠のない創作の世界であるが、「大府」とは江戸なのだろうか。

確かに「府」と書いて江戸を指す場合もある。しかし、昌益は「私制字書巻二」で「府は、广の事付(ばか)り行なふと作る字也。……あつまる・をさむ・しるす」(安藤昌益全集刊行会監修、一九八一：

二三九）と書いてあり、人が沢山集まる場所で政治を司る場所と理解でき、直接江戸を指すとは言い難い。実際稿本『自然真営道』私法神書巻下では「家康、江戸ノ城・町を築く」と書かれ、「江戸大火。御城焼失、……城東ノ地ニ埋メテ回向院ヲ建ツ」と筆者が言及した回向院についても書かれている（安藤昌益研究会編、一九八六b：九四；九七；橋本編著、二〇一三：一二）。こうして見ると江戸を大府と書く必然性がない。だから野口武彦のように大きな都市あるいは大都市と理解するのが妥当であろう（野口編、一九八四：二六六〜二六七）。

では「津府」はどうか。「私制字書巻二」では「津（しん）は、水を以て聿（の）ぶる。故に、つなり」とある。これは「水中に張り出した聿（の）びるところ」（安藤昌益全集刊行会監修、一九八一：二九一；安藤昌益研究会編、一九八四b：三六五）の意味のようである。そもそも先の私法神書巻下の回向院の叙述の後に、「雷、大坂ノ城ニ落チテ石垣崩レテ人多ク死ス」と書かれており、大坂を津府と書く必然性がない。『安藤昌益全集』では「港町」と訳されている（安藤昌益研究会編、一九八四b：三三一）。そうであれば港を治める所と理解する方が適切であろう。

●八戸城下の遊廓

そこで昌益が住んでいた八戸はどうであろうか。八戸城下に遊廓が存在していたか否かは、はっきりしない。安政七（一八六〇）年に「中宿」と称する男女が密会に利用する場所があったが、昌益在住時に存在したかは不明である。同様に八戸湊に天保一三（一八四二）年には「船小宿」（遊女屋）があり「飯盛女」がいた。昌益在住時に八戸湊は江戸から多数の千石船が入港するようになったというが（三浦、二〇一九：一四三；相馬、二〇〇八：八戸市史編纂委員会編、二〇一三：五四三）、遊女屋があったかどうかは確認できない。もちろんなかったとも言えない。いずれにせよ、昌益が都市の爛熟と腐敗に鋭意に否定的であったことはわかるのである。

第4節　昌益の正人論

●〈正人〉の居場所

こうして「悲しいかな。都市の地に於いて道に志す正人出ること能わざる所以も是なり。故に道に志す者は都市繁栄の地に止（とど）まるべからざるなり」という〈正人〉論に到着する。ところがこの「正人」は、『統道真伝』ではさほど登場せず「糺聖失巻」において「耕さざる者は道を盗みて貪り食う罪人なり。直耕の人は道を与る正人なり」と言及されている（奈良本訳注、一九六六：九三）。「糺仏失巻」に以下のように記述されている。「妄りに磨のみ耕さずして貪り食い、勤働すること無く動かずして座してのみ居て、転定の直耕に生じて転道を盗み、常に居ながら四時の気感を知らざる則(なれ)ば、正人気に非らず、妄りに乱狂の病者なり。……全く自然の正人に非らざるなり。故に末世は之れを学ぶ者の亢偏(こうへん)に迷い禅病と為る者の多し」(奈良本訳注、一九六七：二二二)。この箇所は〈不識の失りの論及び禅法の妄失〉の項に書かれており、禅宗が誤りで僧侶が「不耕貪食の徒」であることを指摘している。

●〈正人〉の定義

むしろ、後期に入って〈正人〉概念が頻繁に登場し、「良演哲論」で明確に定義づけがされる。

「良曰ク、『正人ハ備ヲ行ヒテ、私法ノ書学ヲ欲セズ。耕眞ノ道ヲ貴ビテ、上食ヲ犯サズ』」。「[北田]静可曰ク、『正人ハ清濁・両精、無偏・等斎、妙合シテ生マルル人ナリ。一點無偏ニシテ、自リ転定互性、人物互性、明暗知リ盡ス人也』」。現代語訳では「生まれつき人間に備わっている道を行なって、私法によってこしらえられた書物や学問を求めません。直耕という活真の営む道を貴んで、衆人の上に立って耕さず食を貪るという過ちを犯しません」。「正人とは、清・濁の両精がどちらか一方に偏ることなく等しくそろい、みごとに融合して生まれた人のことです。どこかの一点たりとも偏ることなく、天地や人・物の互性的関係、明暗互性について知りつくしている人です」（安藤昌益研究会編、一九八二a：一九四；尾藤、一九七七：三四七；安永、一九九二：一八四～一八五）と訳される。

●曽子について

ここには明白に昌益の学問否定の発想が現れているが、書物や学問を求めないで、〈即自的〉に直耕していれば「天地や人・物の互性的関係、明暗互性について」知ることが可能に至るかは疑問である。実際、「私法盗乱の世に在りながら自然活真の世に契ふ論」の最後で、孔子の弟子曾参（曽子）こそが正人であると指摘する。「曾参は弟子ナレドモ、自リ活真・転定・直耕ノ備道ヲ発明シ、直耕シテ転真ト与ニ行フテ、永劫、人転ヲ失ラズ。孔丘ハ清偏精ニ生マレテ偏知ノ迷人ナリ、曾参は清濁両精等シク妙合シテ生レ、無偏正知ノ正人ナリ」がそれである。この傍点部分は、「孔丘は清に偏した精気を受けて生まれ、知に偏して迷いつづけた人間である。曾参は清・濁二つの精気が妙合して生まれ」（安藤昌益研究会編、一九八二a：三〇一～三〇二；安藤昌益研究会編、一九八二b：一五四；野口、一九八四：二五八；安永、一九九二：二三五）と環境の影響よりも生得説をもって「正人」になったと展開する。

だが曽子は、『孝経』の著者であり、学問に長けていた訳で、〈即自的（生れながら）〉に「正人」になった訳ではあるまい。実際、『論語』「顔淵第十二」では「曾子曰、君子以文會友、以友輔仁（曽子の日わく、君子は文を以て友を会し、友を以て仁を輔［たす］く。」」と書かれており、文とは学問あるいは学芸である。したがって、曽子が「正人」であるとすれば、学問を重視していた上に形成されたのであって、その蓄積を抜きにできないはずである。ここでも学問を否定する昌益の〈偏狭性〉を読み取れるのである。

●〈正人〉の出現

第二の疑問は、「後後年ヲ歴(フ)ル間に、正人、上ニ出ヅルコトノ之レ有リ、下ニ出ヅルコトノ之レ有ル則ハ、無盗・無乱・無迷・無欲、活真ノ世ニ帰スベシ」とか書かれている点である。これについて野口武彦は「今後、何年も何年も経る間に、正人が上に出るか、下に出るかした時には、無盗・無乱・無迷・無欲、活真の世に復帰するに違いない」と訳している。他方、安藤昌益研究会と安永は「正人が上にも現れ、下にも現れるようになれば」と訳す。さらに『安藤昌益事典』では、「上」の支配者に「正人」が現れるということはないので、『下』の『衆人』の中から『正人』が出てきて『活真の世』を実現する」と指摘する（安藤昌益研究会編、一九八二a：二九一～二九二；安藤昌益研究会編、一九八二b：一四八；野口編、一九八四：二五三；安永、一九九二：二三〇；安藤昌益研究会編、一九八七：二二七）。

まず「下に現れる」、あるいは「上か下に現れる」という説を検討しよう。この説だと「下」＝一般民衆が変革主体となって『活真の世』を実現することになる。しかし、無乱思想で平和主義の昌益の立場では、民衆が変革主体となることは考慮に値しないはずである。そうなるとやはりリーダーシップは「上」でなくてはならない。そもそも「上下」とは何かという問題もあるが、「上」が主体となると〈カリスマ的〉リーダーシップとならざるを得ない。それはある意味昌益死後、秋田の二井田村で昌益が「守農太神」と祀られたが、そのようなリーダーシップなのかも知れない。それゆえ「正人が上にも現れ、下にも現れるようになれば」と理解すべきであるが、あくまでリーダーシップは上になるのである。

それでも、やはり〈法世〉のなかの一部の〈自然世〉であって、やはりユートピア性は免れないし、そのような〈カリスマ性〉は、曽子の「正人」のイメージとかけ離れることになるだろう。

●移行期における都市

第三の疑問は、『統道真伝』糺聖失巻で前述した「悲しいかな。都市の地に於いて道に志す正人出ること能わざる所以も是なり。故に道に志す者は都市繁栄の地に止（とど）まるべからざるなり」と述べた点である。一体〈法世〉から〈自然世〉に移行する中で、都市をどうするのかという疑問が生じる。山﨑庸男のように「思弁性・作為性」が強いから受け流すのも一つの解決策ではある（山﨑、二〇一六：二七九）。恐らく前章で指摘した「過渡期の社会」は江戸・京都・大坂には適用できないし、秋田（久保田）や八戸、大館ですら、いかに「正人」が出現したとしても適用可能であったかは疑わしい。実際、都市をなくして「過渡期の社会」を構築しようとするなら、昌益の平和主義では不可能で、都市を打倒しなくてはならなかったであろう。

むしろ、昌益在住時の厳しい飢饉の下にあった八戸で、あるいは今日著しい農業危機と深刻な人口減少の下にある現秋田県大館市、二井田で生まれ転（天）に帰った昌益が徳川封建体制を根底から批判し、「直耕」（農耕と食物連鎖）と生物の「互性」（生命〔類〕の再生産）を説き、エコロジー思想の先駆をなしたことこそ、燦然と輝いていると言えるのである（安藤昌益全集刊行会監修、一九八一：三六）。

注

1 昌益は、「私制字書巻一」で、「天には陽日の通氣・人には胸の陽進氣也。此れを以て天より人物に申べ示すは神也。人より又人に申べ示すも神也」（安藤昌益全集刊行会監修、一九八一：一〇六）と述べている。つまり人より人に申すのは心情なのである。

2 なお時期区分は、山﨑庸男のそれによる。

3 お虫め虫、お魚め魚、お草め草の原文漢字は記載不能なことがあり、現代語に書き換えた。

4 当時、天竺に含まれるシャムでは明確に売春が行われていたが、ベトナムでは封建制の下で公けには認められていなかったという意見と昌益よりも後の時代ではあるが、一九世紀初頭時点で禁止されていなかったという説がある。

第4章　道と儒学について

はじめに

●難解な道という用語

道（みち、どう）という概念は、極めて難解である。筆者もこれについて検討して来たものの、未だ途遠しである（橋本訳、二〇一八：九三～九四）。

安藤昌益は、『自然真営道』と『統道真伝』の著者として、〈道〉についても「自然真営道」についても定義している。また〈道〉を取り上げると即、道家が想起されるが、老子と荘子、列子についても言及している。ところが、何故か昌益は道家を「儒書」（稿本『自然真営道』私法儒書巻）または「儒失」（『統道真伝』）の巻で論じているのである。つまり儒学の一部として論じている訳である。これは実は昌益の一つのスタンスなのである。

そこで本章では、昌益が〈道〉についてどう定義し、儒学をいかにみていたかを検討するが、筆者はカオダイ教(Đạo Cao Đài)の研究者であるので、〈道〉概念について額面通り、受け取れない。本章の最後に再度〈道〉概念の別解釈を提示することにしたい。

第1節　自然真営道と〈道〉概念

(1) 自然真営道の定義

• 大序巻での定義

最初に、昌益が『自然真営道』についてどう定義しているか見ておこう。それは稿本『自然真営道』大序巻において、明確に示されている。「人・物各各(かくかく)悉く活眞の分體なり。是れを營道と謂ふ。故に八氣互性は自然、活眞無二活・不住一の自行、人・物生生は營道なり。此の故に轉定・人・物、有らゆる事(じ)・理、微塵に至るまで、語・黙・動・止、只此の自然活眞の營道に盡極す」(安藤昌益全集刊行会監修、一九八一：三)。

この箇所について、現代語訳すると、人も物もすべてが活真の分身なのである。この活動過程を営道という。だから八気[1]互性は自然の営みであり、活真は比べるものがない唯一無二の生きた働き、不断に停滞を知ることがない自行であって、人と物の生成は営道である。それゆえ天地、人と物、あらゆる事象と道理は些細なものであっても、発語・沈黙・動作・停止、どんな形でも自然活真が動作する営道に極め尽くされているとなる。いわば自然真営道とは、自然活真の活動過程を指すと定義できよう。

●活真について

ただしこの場合、活真が問題となる。安永寿延達は、活真をLiving Truthと英訳していたが安永は土活真を「世界の究極的、根元的実在」と定義する。これは三宅正彦の現代語訳〈根源的実在〉を踏まえたものであろうし、同様に安藤昌益研究会も「万物の元基である根源的物質」と定義する（Yasunaga, 1992: 342; 安永校注、一九八一：九；三宅、一九七一：六一；安藤昌益研究会編、一九八二a：六七）。いずれも〝根源的なもの〟で共通してはいるものの難解である。これに対して西洋哲学を否定した山崎庸男は、「『気』の根源、気の主宰的な存在、気で構成された生命的な宇宙（天・地・人）の妙主・妙体」として理解している（山崎、二〇一六：一八七〜一八八）。これでも難解であり、この点で気はエネルギーであり[2]、むしろ「『活真』は永遠のエネルギーであるから宇宙に遍歴し、形成した万物の中に宿り、これを生きつづけ再生産させる」という『安藤昌益事典』の規定の方が分かりやすい（安藤昌益研究会編、一九八七：一七三）。

⑵〈道〉の概念

●昌益における〈道〉の概念

〈道〉については、我々はどうしても「武士道」や「茶道」「柔道」といったこれまで培われた観念を放擲できずに、それらにこだわってしまう。「武士道」は、武士の倫理や生き方であり、「茶道」「柔道」といった芸道は、その道を究めるという響きがある。それでは安藤昌益の〈道〉の観念は、上記の〈道〉概念と同一なのであろうか。この点をみておこう。因みに昌益は稿本『自然真営道』私法儒書巻三において、「日本ノ小笠原ノ仕付方、茶ノ湯芸、…皆、奢リノ業ニシテ非道ナリ」と茶道が〈道〉に当たらないと批判している（安藤昌益研究会編、一九八三d：六八）。

さて『自然真営道』も『統道真伝』も〈道〉はドウと読む。これに対して刊本『自然真営道』巻一では、「気ハ満ツル故ニ進退ス。此ノ故ニ、進退ノ気満チテ至ラズト云フコト無シ。之レヲ道（みち）ト謂フ」（安藤昌益研究会編、一九八六a：一〇二）と述べる。傍点部分は〈進退する気は十分満ちるので、それが及ばないということはない。この満ちる過程が道なのである〉という意味である。いわばプロセスをここでは道（みち）と読んでいることがわかる。「道（タウ）は首（カシラ）辶（ユ）クト人ノ歩行ヲ遠クニ見ル象リナリ」と書いた「私制字書巻三」（安藤昌益研究会編、一九八四b：四九五）の定義と響き合う。ところが刊本『自然真営道』巻一に戻ると「真ノ営ミハ道ヲ行フ」、「天地・万物ニ具ハル道理ヲ謂フノ道ニシテ、彼レニハ此ノ道、此レニハ彼ノ道有リト謂フニハ非ズ…万物ニ具ワル道ハ唯一（たダいツ）ニ天道ナリ」（安藤昌益研究会編、一九八六a：一〇四）と述べる。この場合の〈道〉は、プロセスではない。正しい道・尊重に値する道という道理の意味で使用されている。ここでの天道は、「自然界の法則」の意味であり、『老子道徳経』の「戸を出でずして天下を知り、牖（まど）を闚（うかが）わずして天道を見る」（金谷、一九九七：一五二）と同じ意味で使用されている。

●「正しい道」ということ

では昌益が考える「正しい道」とは何なのだろうか。それは刊本『自然真営道』より後に書かれた『統道真伝』糺聖失巻に明白に示されている。「道は自然の進退・直耕の一気なり、自然の道には法は無きものなり」、「是れ真道とは直耕の一道なり、其の外は道に非ず皆私法なり」。つまり直耕こそ真道だと述べるが、「食は人・物与（とも）に其の親にして道の大本なり」（奈良本訳注、一九六六：六二；八三；八六）。つまり、食べることは生命維持に不可欠な行為であり、だから直耕こそ真道だと指摘する。稿本『自然真営道』私法儒書巻三でも「道ハ即チ直耕ニシテ天ノ道ナリ」あるいは「直耕ハ天道ナリ。隠者ニ非ズ」（安藤昌益研究会編、一九八三d：四四～四五）と規定する。

ここから「隠者トハ、老聃ガ山林ニ入リ、釈迦ガ雪山ニ入リ単座シ、世世ノ僧、山居シテ不耕貪食スルガ如キ、是レ隠者ニシテ、鳥獣ト同群ナリ」（安藤昌益研究会編、一九八三c：四五）という〝不耕貪食〟という聖人批判が登場する。昌益は、食べるだけでは鳥獣と同群であって、直耕こそが重要であると見なすのである。

第2節　聖人批判と朱子学批判

(1)不耕貪食の徒

● 不耕貪食について

上記〝不耕貪食〟については、『統道真伝』に登場する。「不耕貪食の大罪は聖人に始まる」（「万国巻」）がそれである。穀物を食べなければ生命はない、だから耕さずして貪り食う者は自分の命を他人から盗む者である。聖人は金だけを貴んでこれを通用させ、世の万物を創始した。自然の妙道を知らない大失なりと批判する（奈良本訳注、一九六七：三六～三七；野口編、一九八四：三五六～三五七）。さらに「儒者は己が国を称して中華と号」し、「聖人という者起り理・似・貌・象[3]を以て文字を作る…自然直耕の転道を盗んで耕さずして衆人の直耕を貪食し、上に立ちて奢侈・華美・遊楽を為し…不耕貪食の多く成り、終に兵乱」が始まる、と兵乱の根を〝不耕貪食〟の聖人に求めている（奈良本訳注、一九六七：三五）。

特に稿本『自然真営道』大序においては、『聖人をそしることならとっくの昔に老子がやっている。「大道廃れて仁義起こる」といったのは聖人をそしった言葉だ。つぎに荘子の外篇が聖人のことを大泥棒だといっている。ずいぶん手きびしくやっつけたものだ。しかし老子も荘子も二人ながら、口では聖人をそしっているが実際にはみずから耕さずに貪食し、天道を盗んでいるのだから、けっきょく聖人と同罪だ』（野口編、一九八四：九二）と指摘する。この傍点部分は、書き下し文では、「己れ等も不耕貪食して轉道を盗むこと、聖人と同罪也」（安藤昌益全集刊行会監修、一九八一：一六）である。

こうして聖人批判が展開されるのだが、仏教批判については既にみた。そこで儒家・道家批判を検討しなくてはならない。

⑵朱子学批判

●老子を先に論ずること

しかし、稿本『自然真営道』私法儒書巻一をみると極めて奇異な印象を受ける。というのは「儒書ノ最上ハ五経・四書コレヲ経書ト謂フ」と述べ、これらは朱子が定めたものであると指摘する（一九八三c：九三）。具体的には孔子と関わるものでは『礼記』『春秋』『大学』『中庸』『論語』が取り上げられ、孟子の思想を示す『孟子』を取り上げながら、何故か孔子よりも老子が先に論じられることになると、特異ではないか。これについては「孔丘ハ、聖知有リ。礼ヲ老子ニ問ヒ、徳ヲ収メ賢ヲ慎ミ」と評価している（一九八三c：八九）。

とはいえこれだけでは孔子よりも老子が先に論じられる理由が判明しない。これについて、既に明瞭な指摘がある。三宅正彦によれば、朱子学では孔子―曽子―子思―孟子という伝承関係（「道統説」）がある。これに対して、昌益は『史記』にある老子↓孔子という道統を復活させた。これにより老子↓孔子↓曽子↓昌益という道統に自らを位置づけた。公＝忠を私＝孝に優越する論理を否定し、君主＝国家を絶対視する思想から直耕という血縁・共同体を重視する論理へと転換させたのである。その結果として、昌益は徳川幕藩体制における武士のイデオロギーを批判したのである（三宅、一九七四：七二～八一）。きわめて説得力ある指摘である。これは昌益が「四民を立つるの失り」と身分差別を「否定」し、聖人を諸悪の根源と見なしていたのに対して、第3章で見たように荻生徂徠が「上下差別を明確にし」「聖人」を制度の作為者として尊んだことに照応する（橋本、二〇二二a：三三）。

第3節　昌益による老子批判

⑴道可道

●全面的な老子批判

昌益の老子批判は徹底的でほぼ全面的である。『統道真伝』糺聖失巻では、〈老子自然の道を失るの論〉において、第一に老子、乱世を苦にして世を遁（のが）れ山に入り神を谷（きわ）めて死せずという、第二に〈道〉一、二を生じ、二、三を生じ、三、万物を生ずと云う、第三に道の道為るべきは常の道に非ず、第四に物有り転定に先んじて生ず、これら四点について演繹的に批判している。特にここでは、便宜的に一番目および三番目と四番目について検討しよう。

まず三番目である。「老子経の巻頭に曰く、道の道為（た）るべきは常の道に非ずと云う。これ又大失なり。自然の道は夢にも知らざり。自然には転定の生生と人の直耕と一道なり。此の外に道と為すものの之れ無きなり」、「然るに老子自然の道を盗み耕さずして貪食、世を去り山に入り此の妄言を吐く」（奈良本訳注、一九六六：九五〜九六）と昌益は指摘する。無論老子と昌益では立場が異なり、老子は不耕貪食であるという批判は、そのまま町医者である昌益にはね返える。

さて老子は「道可道 非常道。名可名、非常名」に続いて、「無名天地之始、有名万物之母」と述べ、天地の始源を指摘した。これにに対して、昌益は『自然真営道』私法儒書巻二で、「道というものは、無始無終の自然真の感ずる一気がひとり進退して、ひとり宇宙となり、天には日・月・惑星・列宿・北辰、これは一気の進退・退進が凝り現れたものである」（野口編、一九八四：一〇六）と、自然が始めも終わりがないと対照的な指摘をしており、興味深い。無始無終という用語は第2章で指摘したように仏教に由来するし、『荘子』外篇智北遊篇で言及されている（橋本、二〇二一a：九）。昌益が孔子や道家の影響を受けていることは明白であるが、現代の科学からすれば、昌益と老子のいずれも正しい訳ではない。ただ老子の〈道〉概念を正面から批判する昌益の姿勢は大胆不敵という他ない。

⑵谷神は死せず

● 昌益の誤解

次に「老子、乱世を苦にして世を遁れ山に入り神を谷（きわ）めて死せず」について検討しよう。

これについて、『統道真伝』糺聖失巻では、直耕安食せず、「山に入り神を谷《きわ》め死せずと口言を為すと雖も、米精退く十気《トキ》至る則《なら》ば死して一たび転定に帰らざれば自然の神に能《よ》くせざるなり」「乱を苦にする故に神を谷めて死せずと云えり。是れ生死の一道の自然の神道を知らざる故なり」(奈良本訳注、一九六六:九四〜九五)[4]と述べ、『自然真営道』私法儒書巻二では、「神は、生でもなく、死でもなく、ただ宇宙・人・物のあいだに進退して常なるものである。…これが宇宙に退くときにはいくら谷《やしな》っても、とどまって退かないということはない」(野口編、一九八四:一〇四)と指摘する。

昌益が神の存在を認めていることは明白であるが、問題は、老子が「山に入り神を谷《きわ》めて死せず」である。『老子道徳経』第六章は「谷神《こくしん》は死せず、是れを玄牝《げんぴん》と謂う玄牝の門《もん》、是れを天地の根《こん》と謂う」である。この現代語訳は「谷間の神は奥深いところで、滾々《こんこん》と泉を湧き起こしていて、永遠の生命で死に絶えることがない。それを玄牝—神秘な雌のはたらきとよぶのだ。神秘な雌が物を生み出すその陰門《でぐち》、それをこそ天地もそこから出てくる天地の根源とよぶ」(金谷、一九九七:三二)である。

したがって、昌益が老子を批判する「山に入り神を谷《きわ》めて死せず」は、そもそも当てはまらない解釈なのである。かなり強引な解釈というしかない。昌益は自説に引き寄せて老子を解釈したのである。

(3) 物有り混成し

●天地は無始無終

それでは「物有り転定に先んじて生ず」はどうであろうか。これについて昌益は次のように指摘する。「転定は先後有るに非ず、自然の全体なり。之れを知らず転定に先んずと云うは失れり。」(奈良本訳注、一九六六：九七)という。『自然真営道』私法儒書巻二では、「『物あり天地に先だって生ず、独立して改めず、周行して殆(あや)うからず、吾その名を知らず、字(あざな)して道という。』この言葉の意味は、天地の以前に一つの物があった。これは水である…これは水をもって天地に先立つとすることであって第一の誤りである。天地以前というものがあるとするのが第二の誤りである。天地は無始無終であることを知らないのが、まず誤りの第一歩なのである」(野口編、一九八四：一一二)。

まず昌益は五行思想の火・水・木・金・土を、土を中土として火・水・木・金という四行思想に置き換えた。したがって、こうした観点から「水をもって天地に先立つ」とする「老子説」を批判しているのである。しかし、『老子道徳経』第二五章の該当部分は、「物有り混(津)成し、天地に先んじて生ず。寂たり莫たり、独立して改らず、周行して殆まらず。以て天下の母と為すべし」。現代語訳は「何ものか一つにまとまったものがあって、天と地よりも以前に生まれている。静まりかえって音もなく、おぼろげでいて形もなく、何ものにも頼らずに独立して不変であり、どこまでもひろくへめぐって止まることがない。それは、この世界のすべてを生み出す母だと言えよう」（金谷、一九九七：八九～九〇）である。

● 上善は水の若（ごと）し

老子は、「水をもって天地に先立つ」とは言っていない。「静まりかえって音もなく、おぼろげでいて形」もないものなのである。ここでも昌益は自説に引き寄せて老子を解釈したのである。ただ老子は「上善は水の若（ごと）し。水は善く万物を利して而（しか）も争わず」と第八章で述べており、さらに第七八章では「天下水より柔弱は莫（な）し」と指摘しており、昌益によって批判される素地はなくはなかった。昌益は「水は人にあっては智であり、水中に五行がそなわっている。だから水の徳用が盛んなのである。四行の木・火・土・金の徳用もたがいに同じことである。だから自（ひと）り然（す）るのであって、それぞれ別箇のものではない。これをいわずに水ばかりを称揚する。だから自然をつくさず、一つのことにのみ偏した誤りなのである」（野口編、一九八四：

一一四)。と批判した。

とはいえ老子が陰陽思想(第四二章)を有していたことは確かであるが、易経の五行説に同意していたかどうかは疑わしい。よってここでも昌益の批判は老子の主張とはすれ違っていたのである。いわば昌益にとって、朱子学を批判し、老子↓孔子という道統を復活させるために、老子を取り上げただけではなくて、第一に天地の始源を指摘した老子に対して、昌益は自然の無始無終性を指摘したこと、第二に土を基本とする四行説の昌益にとって、水を称揚する老子は、どうしても批判しなくてはならなかった対象だったのである。

(4)老子の影響——小国寡民

● 小国寡民とは

では昌益は老子から何を引き継いだのであろうか。それは李彩華(一九九三：二〇六)が既に言及しているが、老子八十章の「小国寡民」であろう[5]。具体的には「什伯(じゅうはく)の器有るも用いざらしめ。民をして死を重(かた)んじて、而して遠く徙[移](うつ)らざらしめば、舟輿(しゅうよ)有りと雖(いへど)も、これに乗る所無く、甲兵有りと雖も、これを陳(つら)ぬる所無からん。人をして復た縄を結んでこれを用いしめ、其の食を甘(うま)しとし、其の服を美とし、其の居に安んじ、其の俗を楽しましめば、隣国相い望み、鶏犬（けいけん）の声相い聞こゆるも、民は老死に至るまで、相い往来せざらん」である。前半部の現代語訳は以下のとおりである。小さい国で、人民も少ないところでは、人民が自分の生命のたいせつにして、遠方の土地に移動することのないようにさせるなら、舟や車があったところでそれに乗るときがなく、よろいや武器があったところで、それを見せびらかすときがなかろう（金谷、一九九七：二三七〜二三八）。

こうした「小さい国で、人民も少ないところでは、人民が自分の生命のたいせつにし、よろいや武器があったところで、それを見せびらかす必要がない」社会という老子の「小国寡民」の思想は、昌益の「自然世」システムを構想する際の一つのヒントになったであろうことは容易に推測可能ではないか。無乱の村落共同体である。

第４節　昌益による儒学批判

(1)孔子伝をめぐって

● 孔子批判

次に昌益の孔子批判について以下検討しよう。未刊といわれる『孔子一世弁紀』の作者だけに、

『自然真営道』私法儒書巻の該当部分は、孔子伝として理解すると読み物として面白い。ただし元々は司馬遷編『史記』中の「孔子世家」をベースにオリジナルな伝記に仕上げたとされている（山田、二〇〇一：二〇二）。独創的な伝記に仕上げるために工夫が凝らされることは当然であるが、孔子伝として、どうしても批判に晒されなくてはならない箇所は以下の部分である。「孔丘は生まれつき頭のてっぺんが凹んでいて丘に似ていたという。山の頂きが窪んでいる所を丘という。頭のかたちが丘に似ていたので孔丘と名づけたのである。孔とは氏である。これは心臓だけが下にさがってついているので頭のてっぺんが凹んでいるのである。心臓がさがっていても、他の府蔵は全部高くかたよってついているので、知能は高く、心の動きも賢くまた謙遜であって、むやみに強欲であることもない」（野口編、一九八四：一二九）。これだけでは肯定的な記述に見える。

●孔子、高さに偏する

しかし、孔丘は、中国人の身長が五尺・六尺が普通だった時代に、九尺六寸であった。その結果、背の高い者は「高くかたよっていて偏頗なので、高い所に立つことを好み、高貴であるかのごとくだが、高さに偏していることは偏頗なことなのである。だからいつも高言を吐いて人を教え、高い所を望み、人の上に立とうとする偏向があって乱を起こすもとになるのである」（野口編、一九八四：一三〇）と、全くもって同意し難い所論が展開される。ならば背の低い者は、高貴ではなく人の上に立とうとしないのであろうか。昌益は下に偏するのも偏向であり、「身長が短く不肖暗愚」だと述べる。「野卑なものとか不自然なものとかを好み、卑賤であり暴虐であってそばへ近寄ることもできない。些細なことに激怒して逆上し、すぐに乱を起こす」（野口編、一九八四：一三二）という。身長と性格を直結させるという到底納得できない理屈を述べたのである。うがった見方をすれば昌益は「出る杭は打たれる」や二井田村出身だけに「ものいわぬ（みちのくの）農民」像を、肯定しているようにさえ見えるのである。

結局、孔子は農耕に従事するのをやめ役人になることで、「直耕する天真の道」を去ったのであり、直耕せずに諸国を遍歴したと批判した。だから第3章で指摘したように「曾参は弟子ナレドモ、自リ活真・転定・直耕ノ備道ヲ発明シ、直耕シテ転真ト与ニ行フテ、永劫、人転ヲ失ラズ。孔丘ハ清偏精ニ生マレテ偏知ノ迷人ナリ、曾参は清濁両精等シク妙合シテ生レ、無偏正知ノ正人ナリ」と述べ（橋本、二〇二二a：四二）、曾参（曽子）こそが、孔子と昌益を結びつける道統線上の人物に位置づけられたのである。

(2) 五常について

● 日本封建制のイデオロギー

いうまでもなく儒教は日本封建制のイデオロギーであって、儒学は江戸時代には寺子屋において普遍的に教育されていた。そのキー概念である「五常」は人々が修得すべき道徳心であり、その人間関係のあり方が「五倫」であった。昌益は『統道真伝』糺聖失巻において「聖人の教と為す所、三徳・五常・五倫・四民なり」、「謂ゆる五常は仁・礼・義・智・信なり」（奈良本訳注、一九六六：二八〜二九）と述べる。仁の英訳は benevolence、礼は propriety、義は righteousness、智は wisdom、信は trustworthiness である。礼を ritual propriety と訳してあるものもいる。benevolence はE・H・ノーマンが『忘れられた思想家』の原文で使用しているものである（Norman, 1979: 208）。benevolence だと仁は博愛となる。金谷治は「まごころ」と理解する。カオダイ教では人間愛であって、人の道の基礎でありあらゆる動静の頂点に位置するもので、公平博愛律を守るべきと指摘する。仁を守ることは幸せとなると理解する。propriety の場合、作法、礼儀である。礼節と理解すべきかもしれない。金谷治は礼を法律に比べて緩やかな社会規範または儀式の定めとして理解し、カオダイ教では、礼を品性を創り出すための正しい方法であり、思考と行いでの厳粛な秩序と調和と理解されている。righteousness は正義であり、『論語』の現代語訳でも正義と訳されている。wisdom は賢明である。カオダイ教では智を「如何に進むかを理解することであって、見識が明瞭ならば、行動では間違いをおかさない」と指摘する。trustworthiness は信頼である。『論語』の現代語訳では信は信義、約束を守るとして定義されている。カオダイ教では、正言であって、きわめて重要な言葉であって人々の道徳上の特質であると指摘する（金谷訳注、一九九九：二一；二九〜三〇；三五；CAO ĐÀI TỪ ĐIỂN, 2003)。

●五常の否定

これに対して、昌益は『自然真営道』私法儒書巻一で以下のように、五常を否定する。

「人ニ仁ヲ施サバ其ノ仁ヲ蒙ル者、他の恩拠ヲ荷（にな）フテ罪ニ落ツ。此ノ仁ヲ施シ人ヲ罪ニ落トス、又罪ナリ。故ニ仁ハ罪ノ根ナリ。

人ニ礼ヲ行ヒバ其ノ礼ヲ受クル者慢心ヲ起ス、慢心ハ迷乱ナリ。礼ヲ為シテ人ニ慢心ヲ起コサシム者、又罪ナリ。…礼ハ迷乱ノ根ナリ。

義ヲ行フニ恥ヲ忍ブヲ義トナス、恥ヲ忍バザルヲ鳥獣ト為ス。…義ノタメニ餓死ス。或イハ忠義ノ為トシテ死シ、或イハ恥ヲ忍ブコト能ハズシテ死ス。故ニ義ハ人ヲ殺スノ根ナリ。

人ニ信ヲ行ヒバ、人、疑心ヲ起ス。人、吾ニ信ヲ施サバ、吾モ疑心ヲ起ス。…信ハ災ヒノ根ナリ。

是レ仁(メグ)ミ有レバ憎ミ有リ、礼有レバ疎有リ、義アレバ恥有リ、智有レバ愚有リ、信有レバ偽有リ。…憎・疎・恥・愚・偽ヲ去リテ仁・礼・義・智・信ノミヲ取リテ、以ッテ教エト為ル故ニ、私ノ妄失ニシテ自然ノ真道ニ非ズ。智ヲ為リ則ル是非ヲ知ル。吾、彼ガ是ヲ知レバ、彼又吾ガ是ヲ知ル。互ヒニ是非ヲ知ル則ハ必ズ謀計・信偽ヲ知ル。信偽ヲ知ル則ハ必ズ盗心ヲ起ス。故ニ是非・邪正ノ分知ハ盗ミノ根ナリ」(安藤昌益研究会編、一九八三c：二〇二〜二〇三)。

しかし、昌益の五常否定は説得力に乏しい。「義ヲ行フニ恥ヲ忍ブヲ義トナス、恥ヲ忍バザルヲ鳥獣ト為ス」は、『統道真伝』糺聖失巻では、「吾れ不義ある則は、人刑せずと雖も必ず耻心を生ず。故に耻を知るを以て人と為す。耻を知らざる者は、人に非ず禽獣なりと」述べている(奈良本訳注、一九六六：三三)。これは『孟子』尽心章句上七を踏まえて書かれたものである。きわめて重大なことは『統道真伝』糺聖失巻では不義について論及しているのに、『自然真営道』私法儒書巻一では義として言及されていることである。『孟子』尽心章句上七には、「恥者、吾所固有羞惡之心也。存之則進於聖賢、失之則入於禽獸」と義も不義も書かれていないだけではなくて、前述のように不義に妥当する文言が義にすり替わってしまったのである。また「忠義ノ為トシテ死シ」と述べているが、『論語』には該当する用語はない。

●法のななかの法

昌益は、『自然真営道』真道哲論巻で仙確に答えて、「五常こそは法のななかの法です。(活真の営む)道は、五常の説く仁・不仁という言葉すら関知しません」(安永、一九九二：二一二)と語っているが、全面的に「五常」を否定してしまうと、社会の秩序が崩壊し、無政府状態となり、昌益の否定する争乱の世の中になるであろう。確かに『統道真伝』糺聖失巻で、王＝聖人が「民の直耕を貪り取りて、之れを以って民に施し之れを仁と曰うならば、則ち大失の妄悪なり。又税斂を少くする則(とき)は民に施し、之れを以て民を仁むと言う則(なれ)ば、逆賊なり」(奈良本訳注、一九六六：二九～三〇)と指摘するのは、もっともである。しかし、「まごころ」や公平愛を否定することはできないだろう。「五常」を全否定して済む話だとは到底思えない。

(3)五倫について

●儒教のマイナス面

それでは「五倫」はどうであろうか。『統道真伝』人倫巻で、「聖人、私の制法を以て君臣・父子・兄弟・朋友の五倫を立て、推して上に立てて君臣と為し、自然の五倫の直耕を貪り食う。私の責(ヒ)〈カサル〉栄の奢りを為す故に、後世、聖人世に出てより以来兵乱強盗の世と為る」(奈良本訳注、一九六六：二一〇）と、批判する。

これは『孟子』滕文公章句上によれば、父子の間には親愛があり、君臣の間には礼儀があり、夫婦の間には区別があって、長幼の順序があり、朋友の間には信義があることを指す（小林訳注、一九六八：二一三）。しかし、まだ明瞭ではない。この点で、孟子を踏まえてベトナムでは、「君明臣忠、父慈子孝、夫義婦聴、兄良弟梯、朋友有信」と指摘されている（Lương Đức Mến）。君明とは、賢く優れた君主を指す。まさに「君明臣忠、夫義婦聴、兄良弟梯」に象徴される五倫の解釈は封建イデオロギーそのものであり、父慈子孝、朋友有信を除いた忠君（愛国）、夫唱婦随、目上の者に従うという儒教のマイナス面が浮かび上がる[6]。

ここに至って、昌益の「五倫」批判が燦然と輝くことになる。昌益は、夫婦は第一倫で有り、子が生まれて第二倫、孫は第三倫、兄弟姉妹は第四倫、従兄が第五倫であると対置する。「夫婦にあらずと云ふ五倫無し。天下一般に唯五倫なり」（奈良本訳注、一九六六：二一九）。さらに『自然真営道』私法儒書巻一で「夫婦ハ人倫ノ太本ニシテ、五倫ハ乃チ一倫ナリ。九族ハ乃チ一族ナリ。故ニ此ノ眼力ヲ明カシ得テ天下ヲ治ムル則ハ、治乱倶ニ治ニシテ、治治ノミニシテ治ノ名モ無フニシテ安平ナラント、吾人ハ言エリ」（安藤昌益研究会編、一九八三c：二〇六）と結論づける。九族とは聖人が指摘した五倫に、父方母方の叔父叔母従弟を加えた者であり、傍点部分の現代語訳は「このことを見抜きはっきりさせた上で天下を治めるならば、治も乱もともに治であって、治のみであり、治と呼ぶべきこともなくなり平安な世になるはずだ」(安藤昌益研究会編、一九八三c:二〇六)という。

この一文は理解するのが困難であるが、昌益が朱子学を否定して、さらに封建イデオロギーに対して自然の五倫を対置したことは高く評価できるし、第2章で述べたように女性のあり方として「五障三従」を批判したのであって、男女平等思想の持ち主であったことは銘記すべきである(橋本、二〇二二a:一二)。

第5節　再び〈道〉をめぐって

●神道的道統の後継者

安藤昌益は、〈道〉という概念を第一にプロセスの意味で、第二は正しい道・尊重に値する道という道理の意味で使用していることが分かった。しかし、昌益は「自然の神道」の信者である。この場合の〈道〉は、宗教という意味である。ベトナムの新興宗教、カオダイ教(Đạo Cao Đài)は漢字で高台道と書く。自らは「大道三期普度」(Đại Đạo Tam Kỳ Phổ Độ)と名乗る(橋本、二〇一七a)。カオダイ教ミン・チョン・ダオ派を生み出す基盤に明師道という禅宗から派生した仏教の宗派があった（橋本、二〇一七b）。ここからも〈道〉という漢字には宗教の意味を内包していることが理解されよう。

　昌益の「自然の神道」で注目されるのが、『自然真営道』私法神書巻における春日大神の託宣の部分である。「真神の春日大神にとっては、邪見も慈悲も一つのことであるから、べつだん慈悲を愛するわけでもなく、邪見を嫌うわけでもない。だから、邪がなければ正というものはないし、正がなければ邪というものはない。真道には邪正・好悪の差別はないのである。邪正が一つに和合して神の妙用である。神は邪正のあることを知らない…利己のために私造した教法には邪正の区別があるかもしれないが、神の道には邪正の区別があることはないのである」（野口編、一九八四：二一九〜二二〇）。傍点部分の原文は「眞道ニハ無ク二邪正好悪二」と「神ノ道ニハ無二邪正ノ一別二」である（安藤昌益研究会編、一九八二c：四八八）。つまり真道を神道と同一の用語とみなしているのである。山崎庸男は昌益が独自の神道論を構想していると指摘しているが（山崎、二〇一六：二四四）、真道を神道と同一視しているとみなすと、ある意味「一〇〇年前のマルクス」像からの安藤昌益像の根本的転換となるのである。

　この点で、稿本『自然真営道』第二五巻良演哲論巻において「良中先生氏ハ藤原児屋根百四十三代ノ之統胤ナリ也」と記されているが、これは神道的道統の後継者であることを指しており、『統道真伝』も（神道的）道統の真の伝授を意味する（三宅、一九九六：四〇三）。このように見てみると「糺聖失巻」も「糺仏失巻」も「聖失を糺す下に自然の真道自（ひと）り見（あら）わる」「聖仏を糺す下に自然の真道自（ひと）り見（あら）わる」と冒頭に記されている。『統道真伝』を神道的道統の真の伝授として理解するならば、『自然真営道』はどうみるべきなのだろうか。きわめて重大な昌益像の転換ということになるだろう。

注

1 八気とは木火金水という四行が進退する八つのエネルギーを指す（安永、一九九二：三三〇）。因みに刊本『自然真営道』では土を含む五行説を採用していた。なお現代語訳は野口武彦の訳をベースに安永及び安藤昌益全集刊行会の補注を参照した（野口編、一九八四：七八；安永、一九九二：二三七；安藤昌益全集刊行会監修、一九八一：二九八）。

2 昌益は「大序巻」で、「燔火の内より煙り立ち升るは、轉の玄玄の氣の備はり也」（安藤昌益全集刊行会監修、一九八一：四）と気の本質を示している。玄玄とは黒々したの意味である。また「私制字書巻二」で、气に因る字辨として气は、米飯より…の如く升るを氣と作る也」と定義していた（安藤昌益全集刊行会監修、一九八一：二八七）。

3 理・似・貌・象について野口は理字・似字・象字と現代語訳している（野口編、一九八四：三五五）。

4 傍点部分は、安藤昌益研究会編『安藤昌益全集』第二〇巻 復刻四（一九八三d：一〇一）で補正した。

5　ただし李彩華は老子とともに荘子の「無可有郷」の影響も指摘している(一九九三：二〇六)。

6　ただし武士道では忠誠を焦点とするのに対して、ベトナムでは義、義侠心が強調される(ドアン、二〇一四：二七六)。

第5章　平和思想の先駆者

はじめに

二〇世紀は戦争と革命の世紀であった。戦争は二一世紀でも生じており、核戦争の危機まで危ぶまれ「新冷戦時代」と呼ばれている。安藤昌益が平和主義者、非戦論者であったことは、彼の発見者・狩野亨吉以来語られて来たことである。狩野が引用した「我道には争ひなし、吾は兵を語らず、吾は戦はず」は、昌益研究者であれば、周知の一文である。特に、家永三郎（一九九三）、村瀬裕也（一九九三、二〇〇三）、廣島一衛（二〇一六）といった論客が、昌益の平和思想についてまとまった議論を展開している。廣島は日本国憲法の先駆者とまで語っており、村瀬は「無抵抗主義的な『平和主義者』」（一九九三：二二二）であることを否定する。

このように、それぞれの論者が昌益思想に現代的意義を求めるあまり、過剰な解釈をするならば、誤った昌益理解となるのは、明白である。とはいえ家永が「武士支配の徳川時代に武力の放棄を主張しているのは武士の身分を否定している彼の徹底した封建制否認からおのずから導き出されたところであろうが、おそらく日本で初めての軍備廃止論であろう。ただ対外戦争のまったく無かった江戸中期に外国侵略の原因を指摘しその原因の除去を唱えたのは、どのような由来によるものか理解できない」(家永、一九九三：一〇)と述べていた。

ここで家永が提起した武力放棄論が、第一に封建制の否認からのみ導き出されたものなのか否か、第二に外国侵略の除去を唱えたのはどのような事情であるのか、という問題は依然解答すべき課題である。また第三に「対外戦争のまったく無かった江戸中期に」と前置きした一文にこそ、昌益の平和思想の背景を読み取れる。

以下、本章では家永が提起したこれら三点について、直接答えるのではなく、昌益の平和思想の全体像を示すことにより、その現代的意義を検討する。これが本章の課題である。

第1節　平和思想の記述

●昌益の非戦論

狩野亨吉によって言及された「吾は兵を語らず、吾は戦はず」は、既に見たように昌益の既発見文献には該当箇所がない。これは稿本『自然真営道』第二五巻、良演哲論において高橋栄沢（大和守）に語らせて「兵法〔原文は軍術〕は、人を殺したり自分が亡んだり、人を亡ぼしたり自分が殺されるといった死闘によって、天下国家を盗もうとするものです。……昌益一門においては、兵法のことはごくわずか触れるだけでも活真の大敵です」と言及している箇所を指していると見なされる（橋本、二〇二二a：二一八）。「良演哲論」自体は、実現不可能な昌益学派の「全国集会」などではなく、昌益の高弟神山仙確が編集した作品であるという理解に賛成する（茅沼、一九九六：二三；山﨑、二〇一六：二六八）。

●軍学の否定

また軍学について言及した箇所は、以下のように『統道真伝』糺聖失巻の〈軍学大失の論〉として展開されている。「軍学は戦いに勝ち王と成らんが為め、国家転下を奪わんが為めなり。少しく治ると言う則（とき）は、兼て之れを学び乱を待つ。軍学は天下国家を治めんが為めと云えり。是れ天下国家を治むる為め必ず兵乱・戦死を為す故に、是れ治ると云うも軍学、乱ると云うも軍学則（なれ）ば、治乱と与（とも）に乱なり。今、治乱無き直耕の世と為る則（なれ）ば、何の為か軍学之れ有らんや」。「速やかに軍学を止絶して悉く刀剣・鉄砲・弓矢凡て軍術用其を亡滅則（せば）、軍兵・大将の行列無く、止むことを得ず自然の世に帰るべきことなり」。「兵は国の乱具なり」（奈良本訳注、一九六六：一二一：一二五）。

つまり、軍学は天下国家を治めるための学問で、軍学を行使すれば兵乱・戦死をもたらすので、大きな誤り（大失）である。直耕の世＝自然の世では、武器は不要となり、戦乱・乱世を生じさせる武士も要らなくなると指摘しているのである。ここには正義のための戦争とか抵抗や独立戦争という戦乱なる観念が入り込む余地がない。（そもそも、戦争は必ず正当性＝大義を掲げて行使されるのである。）ただし次節で見るように昌益の見解には一定の留保が必要である。

第2節　民衆の闘い

(1)東夷国と北狄国

●アイヌと満洲族

では昌益に民衆闘争を鼓舞する記述は見られるのだろうか。これについては既に第2章で指摘した(橋本、二〇二三a：一七)。昌益が民衆闘争に言及している部分は三カ所あるが、そのうち日本国内については後述する。すなわち『統道真伝』万国巻では、東夷国の項で「松前の方で、……犯掠有る則は蜂起有り、是れ夷人の私の罪に非ざるなり」と述べ、北狄国の項で「聖人と云う者、北狄と名づけ、禽獣の如く我等を嘲けるは私(こしらえごと)の妄言なりと、一動に怒り大いに蜂起す」(奈良本訳注、一九六七：三三：三八)という二カ所で言及している。東夷国とはアイヌであり、北狄国とは満州族のことである。北狄国の項ではさらに「終に後世、明の世に至り、中国を亡ぼして王と為り、国号を改め、中国の天子と為る。是れ戎狄(じゅうてき)の私を以て之れを為すに非ずして、本(モト)、聖人に起こる」(奈良本訳注、一九六七：三八〜三九)と乱が生じたのは聖人に起因すると指摘する。

これを読むと蜂起や騒乱が私(こしらえごと)でなければ、止む無しと追認しているように見える。ここから場合によっては抵抗闘争が是認されるという論理が導き出されよう。そうすると、兵法や軍学を否定した昌益とは矛盾することになる。兵法や軍学を否定した抵抗闘争は、あたかもガンジーの「非暴力主義」や反戦運動が想起されよう[1]。

(2)昌益と農民一揆

●国内の一揆

そこで昌益が、外国の例ではなくて日本国内の蜂起をどう考えていたのか検討しよう。第一に、既に言及したが昌益は島原の乱について知っていた（橋本、二〇二一a：二〇）。しかし、それについてはバテレンの遺児が天草に逃れ島原で蜂起し、切支丹を広めようとしたと、キリスト教の布教との関連でしか理解していない。

第二に、昌益は『統道真伝』糺仏失巻において、一向宗について、「阿弥陀の浄土だけを願わせるから、人々の心には阿弥陀欲の横に塞がるようになる……一向宗は胸中に横生を懐く者の最たるものである」（野口編、一九八四：三二九）、「一向宗始めて繁栄し肉食妻愛する世俗に同じ。是れ終に仏法滅却して自然の世に帰すべき其の前表なり。聖釈の失りを知り自然を明らかにする者日本に生ずる」[2]（奈良本訳注、一九六七：二五四）と、二回も言及しているが、寛正六（一四六五）年〜天正八（一五八〇）年にかけて頻発した一向一揆については言及がない。因みに稿本『自然真営道』私法神書巻下では、「寛正七年文正と改元する。文正二年応仁の乱起こる」と記載されているにもかかわらずである。

第三に、同様に山城国一揆(文明一七[一四八五]年~明応三[一四九四]年)についても、太田道灌が文明一八年に殺害されたことは述べられているものの、言及されていない。第四に、延宝五(一六七三)年から天和三(一六八三)年にかけて生じた郡上一揆についても言及がない。天和三年に「越後国に狒々という獣出没する。猿の五百年も生きたものだという」という逸話が記されているにもかかわらずである。(安藤昌益研究会編、一九八六:九八)。「私法神書巻」下は元禄一七年までしか記述されていず、昌益八戸在住時に起こった郡上一揆(宝暦元[一七五一]年~)についてはもちろん言及されていない。ましてやその終焉(宝暦一四[一七六四]年)時には、既に逝去していて知る由もなかった。桜田常久は昌益が中山道を歩いて宝暦八(一七五八)年に郡上一揆の顚末を調べたと述べているが(桜田、一九六九:一二二~一二三)、この年に昌益は二井田村に帰村しているので、ありえないフィクションである。

特に第五として、八戸藩で寛保(一七四一)年に九戸郡上館で一揆が生じ、翌年農民側が勝利しているにもかかわらず(野田、一九九八:三五)、言及がない。

そもそも昌益は、日本史の理解を『倭漢皇統編年合運図』に依拠していたと指摘されている(鵜野、一九九六：三八七）[3]。そうであれば、様々な一揆について記述していないことは、無い物ねだりとなる。しかし、昌益が記述している島原の乱については、昌益生存時に少なからぬ実録物が発行されていたので、知る気になれば、一層理解できたはずである。それは一向一揆についても同様である。すなわち、そもそも昌益はいわゆる農民一揆には関心がなかったのである。関心があればもっと詳細な分析がなされたはずである。

したがって、昌益が抵抗闘争を是認していたという論理立てには無理がある。

第３節　外国侵略の除去

(1) 造船反対の根拠

● 造船は大乱の原因

外国侵略については、稿本『自然真営道』私法神書巻下で、天正二〇（一五九二）年、秀吉が「兵軍ヲ使ワシテ朝鮮ヲ征ス。王ヲ擒《トリコ》ニシテ来ル。是レ無益ノ威ヲ振ルヒ后世ノ防ト為ス」（安藤昌益研究会編、一九八六ｂ：九三）と朝鮮出兵の無益さを提起する。

さらに昌益は、外国侵略の基となる造船に反対する主張について『統道真伝』糺聖失巻の〈四民を立つるの失り〉で、次のように言及する。「工は工匠、諸種の器材を作ることを生業とするものである。船を造って万国へ渡り、珍奇な物を通用させるのは自由に似ているけれども、はなはだ天下の費えとなり、大乱の原因となるものである。果たして強欲と謀計の行きつくところ、他国まで奪い取ろうと欲することになり、海洋の波浪を隔てた国国にまだ大軍大乱が拡がって天下の大患が生ずるのである。」(野口編、一九八四：二七五)。また〈金銀を通用失ること〉で「船に乗って万国に渡り、国産の物品を金銀に替え、国に帰れなくなることもかえりみず海外に渡航し、国ごとに市を開いて都市も田舎も物と金銭とを交易するようになった」(野口編、一九八四：二七七)と指摘する。

●造船への二面的評価

つまり昌益が造船に反対するのは、外国貿易が第一に大乱の原因となるからであり、第二に他国侵略を生み出すからであり、第三に利欲追求の悪弊を増長させるからである。これでは江戸時代の鎖国状態を是認しているように見える。ところが『統道真伝』万国巻では、「近年は、オランダ・インド・シナの商船だけが日本に入津し、日本の国情をうかがいはするが、日本から相手国へ渡って、シナやインドをうかがうことはなくなってしまった。こうなったのは日本の知分が薄いためである。シナやインドから辱めを受けて、あなどり軽んじられていることを知らない。恥ずべきことである」（野口編、一九八四：三六三）と鎖国政策を批判する。これは完全に矛盾している。船を製造しなくては他国の現地視察は不可能ではないか。

この矛盾について、『統道真伝』よりも同時期の文献で、日本の鎖国批判を行なっている箇所は確認されないとはいえ、それに近い表現はある。稿本『自然真営道』私法神書巻下である。天文二一（一五五二）年、「大明ト日本トノ渡海ノ船ヲ停止ス。是レ黒船ハ南蛮ノ賊船ナリ。之レヲ恐レテ異国ヘノ通船ヲ止ム。然レドモ、異国ノ船を入津セシムル則（とき）ハ、日本ノ船ノミ他通ヲ止ムルコト何ゾ」（安藤昌益研究会編、一九八六b：八七）がそれである。これは明国との勘合貿易の途絶を指しているが、この一文は両義的で、異国船が入港しているのに、日本の船の交易を認めないのは問題であると述べているようにも読めるし、日本船を交易させないならば、異国の船を入港させるべきではないとも読める。

(2) オランダ船の認識

●オランダ船への絶賛

そこで船そのものをどう認識していたのか見てみよう。すなわち「万国巻」では「木の船に用いるは無益の失り」（奈良本訳注、一九九六：八一）と認識し、「私法神書巻」下では「船ハ自然ノ宝器ニ非ズ、危イ哉(かな)」(安藤昌益研究会編、一九八六b：六一)と認識している。危険だからという論理だと、昌益には飛行機などは想像を絶する乗り物となる。ただし『統道真伝』よりも先に執筆され、一七五三年に出版された刊本『自然真営道』巻一では「舟ハ自然ノ用器ニ非ズ、是レ木形ノ妙用ナリ」(安藤昌益研究会編、一九八六a：一四三)と肯定的であった。

加えて、なんとオランダ船については絶賛している。「船中に菜園を作り、大船で万国に渡航しても破船の憂き目を見ることはない。万国をめぐって、ここにない物をかの国から持ち来たり、かの国にない物をこの国から持って行きなどして、世界中のいかなる国、いかなる島でも通航しないということはないのである。得た利益の十分の一を国王に献じ、むさぼり争うことがないので、まったく兵乱を知らない国である」(野口編、一九八四：三七〇)と、ここではまるで自らの主張を自己否定しているようにさえ見える。兵乱がないから大船で持って海外交易をして良いとみなしている。船に対する評価も矛盾していると見なすべきなのである。さらに昌益はオランダと日本とは別の社会システムであって良いと考えていたとしか判断しようがない。

第4節　昌益の平和思想の根源

(1)墨家の平和論の影響説

・無乱思想の根源

では昌益の平和思想＝無乱思想の発想は、どこに由来するのであろうか。これについて昌益が諸子百家の墨家の思想によって影響を受けたのであろうと中国の研究者・屠承先が指摘し、同様に直耕については「農家」のそれに影響されたという。具体的には、墨家の思想の場合、「戦乱や社会的混乱に苦しめられた春秋戦国時代の民衆の苦しみに同情し、不合理な社会の改造を要求し、それを思想的に体系化した」(屠、一九九三：一五四〜一五五)がそれである。

『墨子』非攻上篇には「今大いに不義を為して国を攻むるに至りては、則ち非とするを知らず、従りて之を誉め、之を義と謂う。此れ義と不義との別を知ると謂う可きか。一人を殺さば之を不義と謂い、死罪有り。……百人を殺さば百たび不義を重ぬ。必ず百の死罪有り。……今大いに不義を為して国を攻むるに至りては、則ち非とするを知らず。」と書かれており、他国侵略は不義であるとして否定したのである。さらに非攻下篇では、戦争が長期に及べば、「上は治を聴くに暇あらず、士は其の官府を治むるに暇あらず、農夫は稼穡(かしょく)するに暇あらず、婦人は紡績織紝(しょくじん)するに暇あらざるなり。則ち是れ国家は率を失い、百姓は務めを易《か》うるなり」と、国家が機能しなくなり、民衆が疲弊することを指摘した(浅野、一九九八：六二〜六四：七二〜七四)。

墨子の主張は、まことに先見的な平和思想であり、昌益が之れを引き継いだと考えるのも無理はない。ところが昌益は『統道真伝』糺聖失巻〈異偏の学の論〉で、見当違いな批判を加えている。「楊墨が学は人の為めならず、脛毛一抜を以て転下を救えども、人の為には之れを為さずと云えり。奇愚に偏し、自然の道は露弁ぜす、是れ脱生の乱人なり」(奈良本訳注、一九六六：一一〇)と楊子と墨子を批判する。同様に、稿本『自然真営道』私法儒書巻でもほぼ同様の見解を示している。この「脛毛一抜を以て転下を救えども、人の為には之れを為さず」という一文は、『孟子』巻第十三尽心章に記載されている楊子についての形容である(安藤昌益研究会編、一九八三d：一八八：一九〇)。

そもそも昌益は、『五経』と『孟子』については少なくとも熟読しておらず、場合によっては通読すらしていない……朱子学と『黄帝内経素問』を媒介をして論述されたものだと指摘されており(山田、二〇〇一：二二四〜二二五)、したがって、ましてや「墨子」を読んでいるとは考えにくい。だから直接的に「墨家の思想によって影響を受けた」訳ではない。

⑵自然の神道論

●他国侵略をしない神

ではどこに昌益の平和思想の根源があるのだろうか。それは「私法神書巻」下に、はっきりと見解が述べられている。〈住吉・四社の太神〉の項で「誠ノ神慮ハ他国ヲ責メ取ルコト之レ無シ。他ノ人ヲ斬殺ス思召（おぼしめし）之レ無キガ故ニ、真神ハ生ジ与ヒテ、殺シ奪フコト無シ。無罪ノ者、何ニ因リテカ之レヲ切リ取ランヤ」。同様に〈北野ノ天神〉の項で「神ハ讒《ざん》ニアラズ、疑ヒニ非ズ、恨ムニ非ズ、生ジ与ヘテ殺シ捨テルコト無シ」（安藤昌益研究会編、一九八六ｂ：六〇：六七）と述べる。さらに「私法神書巻」上では、〈三社並ビニ託宣〉で「真ノ神ハ、正直ニ偏着シ、謀計ヲ嫌去シ、私ヲ為ル者ニ非ズ、自然ノ真神ハ、正直ト謀計トニシテ一事ナリ」（安藤昌益研究会編、一九八四ａ：三一四）と指摘する。

つまり真の神は他国侵略を行わず、他人を殺害することはなく、生じ与えるものであり殺戮などは行わない、とみなしているのである。そして、真の神とは自然の真神に他ならないことを示しているのである。ここから「自然の神道」論へと架け橋される。『統道真伝』万国巻において「日本国は自然（ひとりする）神の小進の気行為る故に五行の妙用正しくして、人の尺（たけ）五尺に極（き）まり」や「直耕・直織・安食・安衣は転定の自然の神道にして、文字・学問は大害なり」、「日本国の正廉の神道の衰果と為ることを知らず」(奈良本訳注、一九六七：三〇～三一)。

だから「忽然として初発の転神の国の自然に帰して、永永に飢饉・寒夏・干魃・天魃・兵乱等の患(うれい)無き安住の国なり」(奈良本訳注、一九六七：二九)と、兵乱が「自然の神道」国に相応しくないことになるのである。ここから「自然の神道」と異なる、他国では民衆闘争は止むを得ないと見なされ、オランダは兵乱のない国として承認されるのである。したがって、昌益はインターナショナリズムもコスモポリタニズムでもなかったことは明白である。

むすび

●「国家神道」に対立する「自然の神道」

村瀬裕也は、一九九二年に中国、山東大学で実施された「日中共同 安藤昌益学術討論会」に関する補説で中国側の参加者から「今日の時代に「絶対平和主義」など成り立つのか」という質問が寄せられ、それに対して、本章の冒頭で指摘したように昌益の思想は「絶対平和主義」ではないと回答したという(村瀬、二〇〇三：二二二)。

しかし、これまでの行論でみたように、昌益が抵抗闘争を是認していたとするのは、いささか無理がある。むしろ「絶対平和主義」の方が、昌益の考えに近いのではなかろうか。それを、高く掲げることは、一般論としては決して有効性を失ったとはみなせないだろう[4]。石渡博明は昌益が「現代に通ずる平和学を構築した」とその意義を述べている（石渡・三浦、二〇二一：二〇四）。

とはいえここで強調したいのは昌益の「自然の神道」思想、それ自体である。昌益は、「自然の神道」国においては兵乱がないと訴え、真の神は他国侵略を行わず、他人を殺害することはなく、生じ与えるものであり、殺戮などは行わないと提起しているのである。

そして「自然の神道」思想は、明治以後の天皇制国家のイデオロギーとシステムである「国家神道」と鋭く相対立していることを看て取れるのである。「国家神道」システムの下で、「八紘一宇」が叫ばれ、神道が「超国家主義」の支配イデオロギーの装置となったことを忘れられない。一九四二年に英領シンガポールは、日本軍占領下で昭南島に名称変更されたが、この島に軍主導のもとで伊勢神宮を模した昭南神社が建立され、神社参拝が実施された。特に建立一年後の鎮座祭（または遷宮祭）では、日本軍関係者や現地日本人のみならず、現地人や宗教団体代表すら参拝を強いられたのである。これは「超国家主義」的な神社神道に他ならなかったのであり、このケースは象徴的な「国家神道」イデオロギーとシステムであろう。であるからして、「自然の神道」思想は、この「国家神道」システムと著しく対立するものであったのである。ここにこそ昌益の平和思想の意義がある。

注

1 渡辺大濤が既に一九五〇年に昌益を「徳川時代のガンジー翁」と称していた(渡辺、一九七〇：三四七)。

2 昌益は、後期の「法世物語」でも、一向宗の僧は、蝉と同業でお布施への欲望＝よこしまなを胸に横たえて念仏を唱える、と批判している(安永、一九九二：一六二)。

3 鵜野祥江は、昌益が日本史の理解を『倭漢皇統編年合運図』元禄七年版に依拠していたとするが(鵜野、一九九六：三八六)、昌益が元禄一七年まで記述していることをどう理解するかである。

4 ただし昌益が生きた江戸中期は鎖国状態であり、外国からの侵略を受けることはなかった。そのことがK・マンハイムをもち出すまでもなく、平和思想を形成する基盤となったことは明白である。もし元寇時(文永の役［一二七四年］と弘安の役［一二八一年］)に生きていたら、その思想は揺らいでいた可能性はある。

第6章 安藤昌益の動物論——動物愛護思想の先駆者

はじめに

安藤昌益の書籍の英訳は、三冊あることになっている。しかし、そのうち一冊については Yasunaga, T（安永寿延）の著書と同一のようである。残り二冊は安永（Yasunaga, T）による *Ando Shoeki: Social And Ecological Philosopher of Eighteenth- Century Japan*（Weatherhill, 1992）と Hunter, J. *The Animal Court: A Political Fable From Old Japan*（Weatherhill, 1992）である。この Hunter の The Animal Court は『動物による法廷—古き日本の政治物語—』とでも訳すことが可能であるが、実は Yasunaga による *Ando Shoeki* の一部、第5章、Tales of the World Law とほぼ同一の英文である。ほぼと書いたのは若干の言い回しの違いや鳥獣虫魚を描いた木版画の挿絵が追加されるなどといった点が見られるからである。

ハンター（Hunter, J）という人物は、日本文学の翻訳家兼編集者で東京大学大学院に留学している。であるからして、Yasunaga の著書に謝辞が記載されていないので事実は確認できないものの、少なくとも第5章、恐らく全章をハンターが訳したものと見なされる。実際に両者を読み比べると、ハンターの序と Yasunaga の英文のいずれでも Living Truth（活真）や Right Cultivation（直耕）という独特な訳語が用いられている。さらに前者には「スウィフトの大人・小人のパロディ」（Hunter, 1992: viii）という表現があり、後者には「イソップというよりはスウィフトに著しく類似している」（Yasunaga, 1992: 110）と記されているのは偶然ではない。因みに安永は一九八一年に稿本『自然真営道』法世物語を読み下しているが、その解題で「動物が集会をもって人間の法世を批判するという……スウィフト的なフィクション」（安永、一九八一：一五三）と述べており、安永は英訳用の日本語原稿（『安藤昌益―研究国際化時代の新検証―』一九九二年）でもこれに依拠したのである。

このように三冊（実際は二冊）の英訳本が発行されることにより、世界に知らしめるのに貢献した昌益の著書、稿本『自然真営道』法世物語は検討に値する。彼の動物論は結論から言えば、動物愛護思想の先駆者なのである。それゆえその動物論を検討することを通じて、その現代的意義を考えることは、「忘れられた思想家」（ノーマン、E・H）の今日的再発見に繋がるのである。

第1節　法世物語の前提

(1)法世物語への途——前期昌益の動物論——

●動物への言及

「法世物語」は、稿本『自然真営道』第二四巻と記されており、安藤昌益の後期に位置するユニークな作品である。実はこの「法世物語」以前に、『統道真伝』禽獣巻が執筆されており、前期の『詩文聞書記』においても魚類への言及がある。また『昌益未刊資料』の一部として上杉修が所蔵していた「禽獣草木虫魚性弁」(安藤昌益研究会編、一九八六c)についても昌益の初期の著述である可能性がある。

●『詩文聞書記』

『詩文聞書記』は、昌益が八戸にいたことが確認される延享二(一七四五)年冬、昌益が浄土宗増上寺の末寺、天聖寺において数日に渡って行った講演の記録である[1]。参加者は、八戸藩士—岡本高茂(上級藩士)、神山仙庵(藩主側医)、関諄甫(側医)、関立竹(側医)および五人の僧侶であり、身分不詳を除くと町人は昌益(確龍堂柳枝軒正信)一人であった。天聖寺九世住職延誉は「奉酬謙徳」という一文を書き「数日講演の師大医元公昌益、道の広かりし天外にも猶を聞ゑん。……道徳無為にして、衆人に勧め実道に入らしむ。古聖にも秀でたらん者也」と褒め称えている（安藤昌益全集刊行会監修、一九九一；三浦、二〇〇九）。

この講演の後、昌益によって「人のあかおどす吾か身の耻つかしく　風呂敷の　火たき見るに付けても」という和歌が歌われている。その解釈をめぐって諸説が入り乱れているが、昌益にも「恥」という普通の人間の心があったことがわかる。とはいえ、その前に歌われている「漢歌風雨韻拌」に続く「鯇（アメ）、鰤（ブリ）鱧《モ》（ハモ）鱒（マス）鰺（アヂ）鮗《ニ》（コチ）鮒《人》（フナ）鯉《シ》（コヘ）鯖（サバ）鰆《ジ》（サワラ）」については、「戯歌」として等閑視されがちである。しかし、ここには動物論、特に後の法世物語における昌益の魚類への深い造詣を、八戸出現当初から有していたことを伺える。因みにこの現代語訳としては、「雨降りの日には河川が増水して越すに越されず、あちこちで渡し舟の舟人が恋しがられるものよ」という安永寿延の解釈がわかりやすい（安永・山田、一九九二：二〇四）。

●「禽獣草木虫魚性弁」の紹介

備忘録「禽獣草木虫魚性弁」は、①禽獣草木虫魚性弁、②天地論、③主薬抜粋、④論性ト気質ノ

弁からなる。末尾に「神山姓 瓢仙是を　表紙」と書かれている。瓢仙は昌益の弟子神山仙庵の曽孫に当たる。③主薬抜粋のなかで〈ハルサモヘラヒヤスン〉について渡リ物ナリと言及されていて、痔の薬である〈ヘイシムレイル〉についても知っており、「オランダ薬」の知識があったことは疑いない。①禽獣草木虫魚性弁の内容については、後にみるが最も字数を割いているのは「草木」であり、次いで「獣」である。最初に記載されている「禽」についてはごくわずかである。「草木」の部分では第一に「造化（天地自然の働き）」論が記載されていること、第二に『涅槃教』から「草木・国土悉ク成仏」するを引用しつつ、仏氏（僧侶）において「造化ノ理ヲ説キタル法談聞イタルコトモナシ」と仏教そのものは否定しないものの、早くも仏教批判が展開されており、注目される。

(2)昌益中期の作品――『統道真伝』――

●『統道真伝』

『統道真伝』は昌益中期の作品で、宝暦二（一七五二）年に執筆中と見なされる。この『統道真伝』において動物論を中心的に扱った禽獣巻については、後述するが、この巻以外にも、人倫巻の〈米穀の倍粒する稲米の徳を弁ず〉の章で、「鳥・獣・虫・魚に米穀を食わしむる則（とき）は、精力抜群に勝（すぐ）れて格別になるなり。故に米穀の横気に生ずること明らかに知れたり」と述べている（奈良本訳注、一九六六：二一五）。「横」とは〈通横逆〉という万物生成の根源力である「気」の運行方式の一つのことである。

●生死にして一道

また万国巻の〈生死にして一道の図解〉で、以下のように述べる。「禽・獣・虫・魚・草・木・穀のみ生じて、人の死して生ずること無ければ、万物の種尽きて万物も与に尽きて、又、生ずること無し。然る則（とき）は自然（ひとりする）転定の道に非ず。故に自然（ひとりする）道は人の生ずれば万物死す。万物の生ずれば人の死す。……故に人と物とは生死にして一道なり。是れが自然真の自（ひと）り感じて神気を生じ、神気の通運して人と生（ナ）り、横運して鳥・獣・虫・魚と生（ナ）り、逆運して草・木と生（ナ）るなり」（奈良本訳注、一九六七：一二四）。

「自然（ひとりする）道は人の生ずれば万物死す。万物の生ずれば人の死す」について、現代語訳では「自然とは、人間が生ずれば生物は死に、生物が生ずれば人間が死ぬことで保たれている」（安藤昌益研究会編、一九八五c：二九二）と解釈している。いわば生き物が人間の食糧となり、他方人間が土に還元され生物を培養しているという意味で物質循環が保たれていると見なしているのである。ここでの神気とは万物を生成する根源を指している。

このように昌益の動物論の足跡を辿ると、突然『法世物語』が出現した訳ではなくて、「禽獣草木虫魚性弁」を昌益の備忘録だとすると、確認されている一七四四年の八戸出現直後から一七四五年には既に培われていたことがわかる[2]。

⑶法世について

「法世」という用語は、この「法世物語」以外は、稿本『自然真営道』大序巻および第二五巻「真道(良演)哲論巻」にのみ登場する。それゆえ、昌益の後期の概念であることは明らかである。では「法世」の法とは何か。これについて昌益の私製辞書に該当する稿本『自然真営道』「私制字書巻」第二において、「法は、水にて穢汚(わいお)を洗ひ去り浄(きよ)むと作る。故に「こしらへ・のりす」(と)訓(よ)むなり(安藤昌益全集刊行会監修、一九八一：二九二)と書いている。さらに稿本『自然真営道』「和訓神語論」において「諸法は、皆私の法(こしら)ゑにして自然道に非ず。自然の道には、制法と云ふこと絶えて無きなり」(安藤昌益全集刊行会監修、一九八一：三〇五；安藤昌益研究会編、一九八六b：二三〇)と指摘する。まるでルソーの「自然状態」や、無政府主義が想起される文章である。

そこから聖人と釈迦が登場して、みずから耕さず、貪食し、私法を立て王、公卿、大夫、大名、武士、職人、商人などの峻別が始まって「法世」となったという「法世物語」での時代設定になっていく。

第2節　法世物語

⑴舞台設定

●上演モデル

法世物語は、禽・獣・虫・魚が、徳川封建制下の社会的身分を引き受け、演技するある種の上演モデルである。いわゆる戯曲などのような物語性はない。全体的には禽・獣・虫・魚が自分たちの鳥世・獣世・虫世・魚世が人間の法世に類似しているものの、法世よりも四類の世が「安楽太平の世」で、法世がいかに「欲・迷・盗・乱」の許しがたい世の中であるかについて、断罪した一種の〈討論劇〉である。ただ最初の「諸鳥会合して法世を論ず」と次の「諸獣会合して法世を論ず」、および後半の「諸虫会合して法世を論ず」と「諸魚会合して法世を論ず」ではスタイルが異なる。前二者は鳩および馬が最初の口火を切るのに対して、後二者は虫世の長である亀と魚世の帝王である鯨が口火を切る形式である。特に「諸魚会合して法世を論ず」では鯨が聚合させて目下に法世を論評させるというトップダウン形式の会議であり〈村寄合〉とは似ても似つかない代物である。

表１　身分階層の序列

法世	王	公卿・大夫《たいふ》	将軍	諸侯	家老・用人	諸役人	諸士	目附《めつけ》	足軽
鳥世	鷲	鶴	熊鷹《くまたか》	鷹	隼《はやぶさ》				差羽《さしば》
獣世	独《どく》	象	獅子	虎	猿	熊	狼		馬
虫世	亀	鼈《すっぽん》	蟒蛇《うわばみ》	百足《むかで》			蛇	蟻《あり》	蜂
魚世	鯨	海豚《いるか》	鰐鮫《わにざめ》	鮪《まぐろ》		大鮫	鰹《かつお》		鰤《ぶり》

出所）安藤昌益研究会編、1983c:　「私法世物語巻 解説」

ここでは比較的紹介されがちなことが多く、Amazon Kindle 上でコミックにもなっている「諸鳥会合して法世を論ず」ではなく、「諸獣会合して法世を論ず」についてみておきたい。

●位階制的序列と擬人化

その前に禽・獣・虫・魚の位階制的序列についてみておくと、既に寺尾五郎が明快に表示している（表1）。とはいえ、登場するのはこれ以外に、例えば召使いに位置する小鳥であったり、「詩文聞書記」に登場した鯇（アメ）[3]は「法世の乞食・非人・日雇い・物真似・芝居の役者・遊女・茶屋女などの無用な雑徒」で、鰤は足軽、鱧（ハモ）は記載がなく、鱒（マス）は釈迦で、鰺（アヂ）は天台僧、鮗（コチ）は医者で、鮒も「無用な雑徒」

表 2　禽獣虫魚の擬人化

人	鳥	獣	虫	魚
聖人		羊		
君子	鶏	犬		
学者	葦切《よしきり》	狐	蝦蟇《がま》	
孔子			大蟻	
子思			蛭《ひる》	
孟子			小蟻	
周子			蟇《ひきがえる》	
程子	百舌《もず》			
朱子	雲雀《ひばり》			
徂徠	鷦鷯《みそさざい》			
仏・僧		蝙蝠《こうもり》		鱒《ます》・鮭《さけ》
律宗			蚯蚓《みみず》	金頭《かながしら》
成実《じょうじつ》宗			蜥蜴《とかげ》	名吉《なよし》
倶舎《くしゃ》宗			蜘蛛《くも》	鰯《いわし》
三論宗			蟷螂《かまきり》	鱈《たら》
法相《ほっそう》宗			螻蛄《けら》	鰶《このしろ》
華厳《けごん》宗			蝗《いなご》	河豚《ふぐ》
六宗兼学	耆《き》婆《ば》鳥			

人	鳥	獣	虫	魚
天台宗	鸚鵡《おうむ》		蜷《にな》	鯵《あじ》
真言宗			轡虫《くつわむし》	鯖《さば》
浄土宗	山雀《やまがら》		松虫	鮹《たこ》
一向宗	鸞《らん》		蝉	烏賊《いか》
法華宗	鳳鳥《ほうちょう》		足長蜘蛛《あしながぐも》	鯔《ぼら》
時宗	山鳩		晩蝉《おそぜみ》	鰈《かれい》
禅宗	大白鳥			鯉《こい》
曹洞禅			蜻蛉《とんぼ》	
臨済禅			蝶	
道家		兎		
老子			守宮《いもり》	
荘子	鵜《う》		水澄《みずす》まし	
詩文者	鶉《うずら》	猶《おおざる》	蟋蟀《こおろぎ》	鰆《さわら》
巫		鹿		鰊《にしん》
山伏		豕《いのこ》		魳《かます》
医者	鴆《ちん》	膃肭臍《おっとせい》	斑猫虫《はんみょうちゅう》	鯒《こち》

出所）同書

である。鯉は禅僧、鯖は真言僧、鰆（サワラ）は賢人と位置づけられるとともに、**表2**のような禽獣虫魚の擬人化の裡に見事に前期昌益が後期昌益に引き継がれている。

(2) 場面の設定

● 開演

「諸獣会合して法世を論ず」は、「人家の獣、人里の獣、野原の獣、山の獣、河の獣、海の獣などが残らず群がり集まって会合をもち、人の法世について論評する」（安永、一九九二：一二九）ものである。

前述のように馬が口火をきる。馬が口火をきるのは、後述する『統道真伝』禽獣巻で、〈人家の六畜（りくきゅう）生る所以の論〉でやはり馬から始まっていることと無縁ではあるまい。具体的には「薪木は進退して牝牡（ひんぼ）の馬」となる（奈良本訳注、一九六六：二八一）として口火をきっているのである。ただし「諸鳥会合して法世を論ず」で口火をきる鳩は、「禽獣巻」の〈鳥類の図解の論〉では山鳥類のなかに一括されている。鳩を飼う習慣は少なくとも農家にはなかったし、八戸にもなかったはずである。

馬に続いて、牛が登場し「下座にあって反芻していた」が、狐が問いかける。牛が語ったあと犬が座の外にいたが、狸がこれに語りかける。犬が釈迦と同業だと自負したので、獣たちが一同拝礼する。会場の隅にいた無言の猫に狐が質問する。鼠は猫と同席しているので土のなかに隠れている。さらに蝙蝠が会場正面の木の枯れ枝にぶら下がり控えている。

●猪と飢饉（けがじ）

こういう調子で、鼬（いたち）、土竜（もぐら）、狸、狢、狐、貂、兎、猶（なおざる）、獺（かわうそ）、膃肭臍（おっとせい）、豕（いのこ）、鹿が登場した後、猪が「会場でうつ伏せになっていたが、むくっと頭をもたげていう」。「法世の人のなかにも、敵に立ち向かってそれを突破する力はあっても、遠いさきまで広く考えたり謀をめぐらすことなく、自滅することを知らずに、いたずらに田の穀物や畑作物を荒らしまわる盲武者［原文は盲軍者］がいますが、これはわたしと同業です。ですから、わたしは獣世の盲将です。法世の盲将は猪です」。

この部分は、八戸藩で起こった寛延二（一七四九）年のいわゆる「猪飢饉」（けがじ）の存在（猪の異常繁殖）を、昌益が知っていたことを示している。この寛延飢饉の影響で約六、〇〇〇人もの人口減少をみたのである（八戸市史編纂委員会編、二〇一三：六四）。

続いて犀、麝香鹿（じゃこうじか）、羚羊（かもしか）、豚、猿が登場するも、狒狒（ひひ）は「生存がきわめてまれ」な生物で、出席していない。豹が大勢で飛ぶように走ってくる。獣どもは恐れをなし、上座に着く。狼が牙を鳴らしやってきて、会場正面の小高いところに場所をとる。熊に続いて虎が大勢でやってきて、正面の竹林の岩の先に場所をとる。獅子が獅子奮迅の勢いで供の獅子を引き連れて、正面の岩の険阻なところに立ち止まる。ついには独が供の独を大勢引き連れてやってくるが、象が南側の大岩のところにとどまる。

●帝王の独演

ここから獣世の帝王である独の独演が始まる。その後も犬、虎、馬、狐、熊の発言が続くが、最後はナレーションのように獣どもの評議になる。

このような場面の設定については、以下の理由である。第一に、独という猿の一種の想像上の怪獣を帝王に位置づけているが[4]、これは『統道真伝』禽獣巻において、「独は転定の間の統牡（とうほう）なり。……獣の長の名なり」（奈良本訳注、一九六六：三四五）という位置づけの延長線上であることを示している。

第二に、昌益の舞台設定では、独がクライマックスに登場する。これは鳥世で鷲が正面の高い大岩の先に止まり、「われこそは鳥世の皇帝、至上の鷲王なるぞ―鳳凰は天竺の鷲である―。」と、大声でいうことでも同様である。もちろん「法世物語」という寓話＝風刺劇であるからして当然であるが、昌益が身分制的序列を否定していないことを表している。そのことは、逆にいえば前述のように「法世の乞食・非人・日雇い・物真似・芝居の役者・遊女・茶屋女などの（無用な）雑徒」という今日的にはかなり差別的とも見なすことが可能な、最下層の配置が示されていることに対応する。ただし原文は「無用」とは記載されていない。

●農民・漁・鉱夫の不在

第三に、先回りしていえば、職人は登場するが農民・漁民・鉱夫がいない。いわゆる大衆が主体となる、あるいは変革主体となる革命劇やプロレタリア演劇とは根本的に異なっていることがわかる。しいていえば、虫世の場面で、蟻が「それぞれの虫がその生まれついたときの条件にしたがって、その生まれたところにあるものは転真の与えたものであるからそれを食らい、皮や羽毛を衣料とし、巣をつくって家とし、それで風雨をしのぎます。草木の葉に生まれた虫はその葉を食らい、湿地に生まれればその土を食らい、木のなかに生まれればその木を食らうというように。みなその生まれたところにあるものを、みずからはたらいて食らいます。これは虫世の直耕です。鳥世・獣世・魚世のいずれも同様です。みな転真の与えた道に背くことがありません」（安永、一九九二：一五三）と語っている点が該当しよう。つまり虫世の帝王である亀も〈直耕〉するので、法世と鳥獣虫魚世は根本的に異なるものになる。だから『法世物語』では農民が登場しないことになる。しかし、これだと原始時代のいわゆる狩猟採取生活こそ〈直耕〉ということになってしまうだろう。ところが昌益が規定する歴史の最初の時期はそれより後の農耕社会であるから、農民が登場しない理由にはならないのである。

⑶『法世物語』の主張

●本草学批判

既に場面設定を超えて『法世物語』の内容に踏み込んでしまっているので、その内容に入って行くことにしよう。『法世物語』には、本草学批判がある。例えば、牛について法世の成立後、人が自分達を養生のためだといって殺害し食べ、薬用のため牛黄を取り出していると批判する。これは『統道真伝』禽獣巻で、牛の胆石を洗清し腎薬とする、是れ漢土の者の罪なり。牛を殺し、肉を食い療治とすること甚だ失れり（奈良本訳注、一九六六：二八五）と述べていたことの繰り返しである。ここには「漢土の者」と書かれており、昌益が中国の本草学を意識していたことは明白である。

次に膃肭臍であるが、「漢土に生まれ東夷北海に育った膃肭臍から取り出した強精剤を重宝なものとしながら、漢土と蝦夷地の海の気行を知りません。……そもそも人の精気の元は穀精であって腎の液ではないことを知りません。むやみに精力増強をはかるという、愚かな推量にもとづく理屈でもって世人を迷わせ、むしろ反対に人殺しとなります」[5]と、本草学と医学批判をする。

ここで昌益が精力増強に反対しているのは、多面的な意味を含んでいる。第一に『頭駐国譯本草綱目』には、膃肭臍について「男子の腎精衰損、多色のために労となって痩悴せるもの」などを治す（李、一九二九：第一二冊、三九八）と書かれており、明白に李時珍の本草学に対する批判がある。だがそれだけでなく、昌益の男女の交わりに対する彼流の考え方によって裏打ちされているのである。

●昌益の情交観

すなわち、第一に、『法世物語』では、一頭の牡馬が多くの牝馬を犯す人為的作為を、舜の帝王が見たことで、自ら妾と官女を設け、多くの女性を昼間から犯したのである。これは野生の馬の所業であり、法世の所業で、転真の道に基づく直耕する人の世では、男は妻以外の女を犯すことはないし、妻も夫以外の男と交わることがないと馬に語らせている。つまり一夫一婦制であれば、精力剤など不要であるという考えに裏打ちされているのである。

第二の点は、稿本『自然真営道』私法儒書巻で、あらゆるシナの聖賢は好色の心が強く、淫乱であることはまるで鴛や虫[6]のようであり、女は四九歳をもって子を生み終わり男は六四歳をもって子を生ませ終わる。「男は六四歳を過ぎて女に交わるのを野合という。野合とは鳥獣が野原で交合するのにたとえた言葉である」(野口編、一九八四：一二九)。孔丘(孔子)は父親が六四歳の時生まれたので、「鳥獣の子にひとしい」と戯言を述べている。鴛鴦については、「諸鳥会合して法世を論ず」の最も精彩を放つ部分であり、後述する。つまり年輪を重ねれば精が尽きるので、齢を重ねて交合する必要はなく、精力剤は不要だとする昌益流の情交観である。

第三の点は、昌益について、高弟の神山仙確によれば稿本『自然真営道』大序巻において「先生のふだんの生業と行動は貪ることすくなく、朝夕の飯と汁物以外に別のものをまったく食べず、酒も飲まず、妻以外の女を犯さない。先生は道と関係のないことには、たずねてもまったく語ろうとはしない。世のため道のためになることについては、たずねられても語り、片時も無益に過ごすことがない」(安永、一九九二：二五五)[7]。いわゆる清廉潔癖で真面目人間の堅物だったようである。だから杉浦明平をして「いかに出しゃばらず、愛想っ気がなかったか、見当つくにちがいない」(杉浦、一九六七：一五六)と語らしめたのである。したがって、当然その性格がその思想に反映していると見なせるのである。それでも、前述の延享二年の冬に歌われた魚を素材にした「戯歌」をから判断すれば洒落っ気も有していたことがわかるのである。

●神道思想

見逃せないのが鹿が語っている部分である。自分は獣世の巫者(神官)であり、愚推妄惑な巫者(神官)は法世の鹿であると述べつつ、法世の人は『大成経』という(江戸初期)の神道書を作り上げた。しかし、「その内容はすべて五行説でつづられていて、(活真)が四行として進退し、互性の関係のもとに展開するという、精妙な神道を知りません」(安永、一九九二:一四二)と語っている。ここで「精妙な神道を知らない」と語っている部分を読めば明白なように、昌益は神道を否定していないのである。この部分は、『統道真伝』万国巻で、「明日にも他来の偽語の妄業を遺廃すれば、乃ち廉正の神道に帰し、日本国に於て無患にして廉正の神国の正本と為る。日本国は自然(ひとりする)神の小進の気行なる故に五行の妙用正しくして、……其の心に具わる五神の一真にして私無く巧欲・妄謀の無き国なり」(奈良本訳注、一九六七:三〇)と述べていることと照応する。但し昌益は『統道真伝』万国巻の時点では五行説を承認していたことがわかる。

●クライマックス

ではクライマックスである独はどうだろうか。獣世では大は小さい獣を食べるがこれは誤りではない。だが法世の人は獣を生け捕りにして檻に入れて飼っておきながら、養生のために食べたり天神をまつるために牛を殺して生贄にする。しかし、天神が喜ぶはずもない。檻に入れて長く飼った獣は、例え山野に帰したとして、元の野獣に戻るはずもなく、衰弱して死ぬだろう。法世の武士や大名がいくさに敗れ、将軍・公卿・帝王が乱戦に負けて、落人になるのと同一であり、だから獣世と法世は同業である。さらに法世の聖人・釈迦・諸賢人・僧侶、学者は高慢な知識だけを考え、身近な自分自身に具わる互性妙道を知らないので、自分の目の前は見えないということでは二本足で直立した時の獣類と同様である、と喝破した。

こうして、最後に獣世には、凶作や餓死の心配がなく、年貢を取り立てられる心配や借金を催促される心配もなく、駆け落ち［夜逃げ］する者もいない。極楽・地獄の沙汰がなく、法世よりもはるかにすぐれて平安である、という結論に至るのである（安永、一九九二：一四六〜一四九）。

最終的に、昌益は魚世の最後に、「万悪の根は上に有り。此の根を断らずして法度するは、無益の己が失《あやま》りなり」と断罪する（安永、一九八一：二六二）。この「上」がどのような身分を表しているのかが論点になるが、それはさておき、昌益の時代には獣世の方が法世よりもすぐれていたはずなのに、現代においては、人間による生態系破壊のために、北極圏で動物が餓死し、わが国では野生の獣が食べ物を探して人里に出現する事態をどう理解すべきなのであろうか。法世が獣世を破壊しているのである。

(4)文学作品としての『法世物語』

●風刺的寓話

ではこの『法世物語』を文学作品としてみたら、どのような評価が下されるのであろうか。古くは加藤周一が「この『法世物語』は、身分制社会に対する批判として独特であるばかりではなく、形式的にも日本文学史上に極めて稀な風刺的寓話である」と高く評価した(加藤、一九八〇：一四二)。

もちろん風刺的寓話という形式で叙述したことは高く評価されるべきである。しかし、マイナスの評価を下す研究もある。杉浦明平は、「鳥獣虫魚の姿を用いて物語るという鳥獣譚本来の任務が果たされることも、日本文学史上はじめておこった事件であろう」と高評価しつつ、「鳥類については、精密とはいえないまでも、かなり注意深い観察によってそれぞれの鳥の大まかな特徴をとらえて、これらを集会の中で多少とも活用しているのに、獣―魚―虫の順にその個性をつかむ力が失われている。したがってその集会も、鳥世界にくらべてはるかに生彩をうしなわざるをえない」(杉浦、一九六七：一六五)と指摘している。寺尾五郎も「獣・虫・魚へと幕を追うにしたがい、会話が少なくなり、発言の羅列となっていく。馴れない作劇の仕事に、昌益もくたびれたのであろうか。」と感想を述べる(寺尾、一九八三：二一七)。

●鴛鴦(おしどり)の淫愛

筆者も杉浦と寺尾の評価に賛成である。なによりも『法世物語』で最も精彩を放っているのは、「諸鳥会合して法世を論ず」における鴛鴦の場面である。鴛鴦はこの会合に加わっていたけれど、諸鳥に見られるのも恥じず、夫婦で淫愛にふけっていた。鵠が見かねて「諸鳥の見る前もある。ちょっと慎まれよ」と語り、鴛鴦は「鳥世にもわたしどものような者がいなくては、法世の人とちがってしまって気の毒ではありませぬか」と応えつつ、ついに会合に列席者が増え、鴛(えん)と鴦(おう)が遮られ、悲しんだ鴦が死んでしまい、後を追って鴛も死んでしまう、という場面が設定されるのである(野口編、一九八四：二三三)。

こうした芝居の観客に悲しみを誘うような場面は、無論虫や魚はもちろんのこと獣世でもない。しかも、全体として「法世の諸悪」を、無理やり四幕の中に全て書き入れてしまっており、そのことが昌益が意図する筈がなかった文学作品としての価値を下落させているのである。

第3節『統道真伝』禽獣巻と「禽獣草木虫魚性弁」

(1)『統道真伝』禽獣巻

● 人家の六畜(りくきゅう)

『法世物語』に先行して昌益が『統道真伝』禽獣巻を書き、既にまとまった動物論を展開していることは前述した。また『法世物語』でそれを下敷きにしていることは、既に述べている。そこで、「禽獣巻」の内容を見ておくことにするが、かなりの大部になるので、〈人家に六畜(りくきゅう)生る所以の論〉だけを取り上げたい。

六畜とは、馬、牛、狗、雞、猫、鼠のことである。ここで雞だけが獣ではない。昌益は「人家多くなると人里、邑を並べ、炉中五行は薪木・燔火・灰土・鍋・釜・用水、常に人を生助して、其の余精六畜と成るなり」(奈良本訳注、一九六六：二八一)と述べている。この箇所は後に稿本『自然真営道』大序巻で「わたしがつねづね人家のいろりやかまどを見て思うのは、土気を体現した灰である活真の具象体があり、また木火金水の四行がおのずと活真して進退し、互性、八気、通・横・逆の微妙な作用を示していることにつくづく感心する」(安永、一九九二：二三七；野口編、一九八四：

七八)と論じた箇所に対応している。

●使役動物論

そして、馬は薪木の気(エネルギー)が進退する(行ったり来たりする)ことで生じ、牛は煮用の水からなり、狗は鍋・釜の金から出現する。さらに雞は燔火、猫は灰土、鼠は炉中の煙が進退することで出現した。つまり人家・人生の余精から生じたもので人家に畜(ヤシナ)われたことから六畜と呼ぶのであり、畜生と呼んではならない、と戒める。彼らは人家を離れては住むところがなく、人から畜われて生きている動物だと論じている。

だから馬と牛は雑用・乗用・荷用を達し、狗は門戸の怪用を助け、雞は朝に目が覚める時を知らせ、猫は鼠を防ぎ、鼠は恙虫(ツツガムシ)を防ぐのである。だから人の畜養を得る故に、人のために日用を尽くして人恩に謝す。「自然(ひとりする)転定・穀精の為(す)る所の妙行なり」(奈良本訳注、一九六六：二八二)と述べ、明らかに恩を持ち出すあたりに、儒教道徳の影響がある。いわゆる使役動物だけの面が強調されてはいるものの、使役動物として人間に利用される以前に、古代エジプトで猫が神として崇められていたことなんぞ知る由もなかったであろう。

また少なくとも鼠が害獣としてしか、考えてこなかった現代人の立場からすれば、鼠を六畜とみなす昌益の観点は新鮮である。

●本草学批判

ところでこの「禽獣巻」の主たる対象が、「本草学」の批判の書であることは無視できない。そのことは、前述のように「牛の胆石を洗清し腎薬とする、是れ漢土の者の罪なり」と述べていることでも明白である。また六畜については人気の余精に生じた動物であるから、人の食物ではないと述べつつ、「馬の肉は酸味にして温なり」、「牛肉は鹵(しお)味、性は冷なり」、「狗犬は辛味・温熱なり。人之れを食うべからず。多食する則(とき)は奇病を発す」、鼠の場合「肉は苦気味にして冷なり。食うべからざる毒有り」、猫は「其の肉は甘みにして、其の性は平らにして革(あらた)まり易し。故に人之れを食う則(とき)は毒を為す。故に食うべからざるなり」、鶏「其の肉は甘味にして温なり。人少しく之れを食うは精気を助け、多食する則(なれ)ば害を為す」と鶏肉を除いて食べてはならないと、獣肉禁止を提起する。

李時珍の『本草綱目』では、馬については、肉―純白なる牡馬のものを良しとする。主治―傷中、熱を除き、気を下し、筋骨を長じ、腰骨を強くし、壮健にして志強く、身を軽くし、飢えず―と書かれている。狗については、肉―黄犬を上とする。黒犬、白犬はこれに次ぐ。犬は炙って食ってはならぬ、と李時珍は述べている。主治―五臓を安じ、絶傷を補し、身を軽くし、気を益す―ものだという(李、一九二九：五十巻下、一三九～一四〇；四八～四九)。現在ベトナム北部には犬肉料理があり、主として男性が好むが、韓国でも夏の滋養食として犬肉が食べられる。しかし、昌益にとっては、「其の気は剛気に成りて必ず身亡ぶ」ものであると警告する。

猫についても見ておこう。肉―甘く酸し、温にして毒なしと述べつつ、猫肉は佳くなく、食品にも入らないと食用には否定的である。ただ頭骨などは疳や痘瘡などの治療に用いたようである(李、一九二九：三四一～三四二)。

● 近世医学批判

昌益は、『統道真伝』に先立って刊本『自然真営道』を書き、『本草綱目』について、草木、禽・獣・虫・魚の肉・骨・毛・肝・油等について言及し書物にしているが、自然の気行を知らない。だから戯言であり、何のための著作で有り、世の中の諸医はこれを拠り所にしているにもかかわらず、自然の妙序を誤っているので、その医学・処方は人を殺すとまで論じている。加えて快気・完治したとしてもそれは工薬の効果ではなくて、自ら癒えたものだと指摘した(安藤昌益研究会編、一九八六a：二三四～二三六)。

そうだとすれば、刊本『自然真営道』は包括的に本草学（『本草綱目』）を批判したものであり、「禽獣巻」は、より一層具体的かつ個別的に動物論をこれに対置したと言えるのである。それは本草学の側面をもつと同時に博物学に近いものであった。

●獣肉禁止

では昌益はなぜ獣肉禁止をしたのだろうか。それは仏教的な〈殺生戒〉に基づくものではない。昌益は〈殺生戒〉そのものは否定はしなかったものの、『統道真伝』糺仏失巻において「一向宗始めて繁栄し肉食妻愛する世俗に同じ。是れ終に仏法滅却して自然の世に帰すべき其の前表なり。聖釈の失りを知り自然を明らかにする者日本に生ずる」（奈良本訳注、一九六七：二五四）と肉食妻愛が仏法の否定に繋がると見なしていたからである。

むしろ獣肉は鳥獣虫魚が基本的に互食しあう彼らの食べ物であり、人間の食べ物ではないという考えに基づいている。人間は穀物の精から生じたのだから穀物を食べるべきだという思想だったのである（野口編、一九八四：二五二；若尾、二〇〇四：一三三）。

しかし、昌益の食物観が、人間が穀物の精から生じたと理解するならば、これは無論誤った人間観であり獣肉禁止論は根底から崩れるが、しかし、現在の動物愛護思想に通ずるという意味では先駆的なものであったのである。

(2)「禽獣草木虫魚性弁」

●通横逆の登場

ようやく昌益前期の「禽獣草木虫魚性弁」を検討するところまで到達した。「禽獣草木虫魚性弁」の前半は、本草学とはやや異なるものである。まず禽の部分で「天地・陰陽ノ二気、無量ノ気ヲ具ヘタリ。其ノ無量ノ気中、正清・潔精ノ通気ハ、人ト成リテ人ニ具ハル。」と述べ、後の天地という概念と用語を否定して転定と造語する以前の昌益が表れている。また獣の部分で「鳥モ獣モ横ニ飛ビ横ニ走ルコトナリ」と指摘し、草木の部分で「天地濁雑ノ下ル気、水ノ動キニ感ジテ生ル故ニ、逆生スルナリ」と述べる。この筆者が傍点を付けた〈通横逆〉こそ、昌益のオリジナルな基本原理であり、狩野亨吉によって善因善果悪因悪果のような自明の理である「因果法に代るもので、通横逆の三つの形ちに現れる」と語ったものである（狩野、一九二八：三四〇）。

実際、昌益が安氏正信名で延享二（一七四五）年に執筆した『歴ノ大意』では、「人ハ天地ノ正気ヲ受ケテ、通気ナリ。物ハ天地ノ傾気ヲ受ケテ、禽・獣・虫・魚倶ニ横気ナリ。草木ハ天地ノ反転ノ気ヲ受ケテ逆生ス、逆気ナリ」（安藤昌益研究会編、一九八六ｃ：九七）と同様な主張を行っていたのである[8]。〈通横逆〉については、『統道真伝』禽獣巻では天体の運行にまでの広がりを持つが、動物論の次元では、〈鳥類の図解の論〉において「鳥類は夫（そ）れ自（ひと）り然（し）て鳥類と成るに序有り。通・横・逆に回りて妙用を尽す。其の第一の通気は転定（てんち）と成り、第一の横気は中土と成り、第一の逆気は五穀・木果と成る。是れ通・横・逆は一極して、而して逆穀中より、又、通・横・逆の進退を以て回る。其の通気の進退は男女の人と成り、其の横気の進退は鳥・獣・虫・魚と成り、其の逆気の進退は雑諸の草類と成るなり。故に人は転定に通じて即ち小転定なり」（奈良本訳注、一九六六：三二四〜三二五）と述べていた。

この〈通横逆〉は『法世物語』でも冒頭、鳩が口を開き、転定の中央の大地に万物が生成する中でも、人は通気が主宰し横・逆の気を人のうちに伏在させているので、人なのである、と述べている（安藤昌益研究会編、一九八二b：七）。だから「禽獣草木虫魚性弁」には、〈通横逆〉のトリアーデの原型が現れていたのである。

また興味深いことに仏教批判とともに、前述の『涅槃教』の引用の仕方にみられるように仏教を肯定する感性を見いだせる。ところが同時期のノートとされる「博聞抜粋」では、「草木・国土、悉ク皆成仏トハ、天台一家ノ極談、之ニ過ギズ。」（安藤昌益研究会編、一九八六c：二四五）と否定しているので、「禽獣草木虫魚性弁」は「博聞抜粋」と同時期であるとは考えにくく、それ以前の草稿とみなせよう。

●造化（天地自然の働き）論

次に「造化（天地自然の働き）」論を検討しよう。「天地造化ノ効用、草木ノ花咲キ、実リ、禽獣ノ淫合スル理同ジナリ。蜉蝣ノ虫夜ヲ知ラズ、小虫ノ目ニサヘギラズダニ有ルコトナリ。蝉ノ虫ノ春・夏〈秋〉ヲ知ラズ。鶯ノ秋・冬ニ功ナク、鳥ノ老死・猫ノ老死スルヲ見ズ。雀、大海ニ入リテ蛤トナリ、田鼠化シテ鶉トナリ、此ノ外、天地ノ造化・運転ノアリサマ、誠ニ際限モアルベカラズ」。「花咲ク時ハ交合ノ楽シミアルト時ナリ。鶯ノ春ニ栄ヲナシ、蝉ノ夏ニ時ヲ得テ、虫魚ノ類ニ至ル迄、天地ノ恵ミヲ得テ、春ハ川上ヘサシ上ル、秋ハ又海ニ返ル。其ノ外アラユル万物悉ク皆天地ノ功ニアラ（ズ）ト云フコトナシ」（安藤昌益研究会編、一九八六c：三六〇）。

この「造化」論は、第一に天地自然の働きを指摘したものである。「あらゆる万物悉く皆天地の功に」他ならない、という表現からも明白であろう。第二は、春夏秋冬論と結びついた草木論が登場していることである。これは第2章で指摘したように後の〈自然世〉の原型に通ずる立論である（橋本、二〇二三a：一三）。すなわち、「転定に春、萬物生じて花咲くは、是とともに田畑を耕し、五穀十種を蒔き、転定に夏、萬物の育ち盛んになれば、是とともにくさぎり、十種の穀、長大鳴らしむ。転定に秋、萬物堅剛すれば、是とともに十穀を實らしめ、之を収め取り、転定に冬、萬物枯蔵すれば、是とともに十穀のからを枯らし、實を蔵め來歳の種を為し、來穀の實成るまでの食用と為す」がそれである。ただし後者では穀物によって四季の変化が論じられていたのに対して、「禽獣草木虫魚性弁」では禽獣虫草木によって四季が論じられているという違いがある。第三は、変態論が語られている。a．雀が海に入って蛤に形態変化し、b．鼠が鶉になる。このaの部分は『統道真伝』禽獣巻でも全く同一の文章に遭遇する。「進偏気の雀は此の十気に於て海中に入り蛤と為る」[9]がそれである。これは『本草綱目』の「秋の季に雀が大水に入って蛤と為る」という記載を受けて執筆したものと想定されるのである。またbは禽獣巻では「老極して蝙蝠と為る」と記されているし、『法世物語』では、蝙蝠が「鼠が老いて形化したもの」と語っている。これはいずれも『本草綱目』の「鼠も化して蝠となり」を受けたものである（奈良本訳注、一九六六：二八八、三二七：李、一九二九、四十八巻：二八五、三〇二：安永、一九九二：一三四）。このような非科学的な形態変化は無論根拠があるとは思えないが、昌益は言及していないものの『本草綱目』に記載されている蝉花のケースにはそれなりに根拠がある。「蜀中に出る。その蝉は頭上に花冠のやうな形状の一角があるので蝉花といふ」（李、一九二九、蟲部、四十一巻：二〇四）と書かれている。これは和名ではせみたけ、虫草のことであり、冬虫夏草類を指している。冬虫夏草が日本にもたらされたのが享保一三（一七二八）年であるとされているので、昌益が知っていたかどうかは不明であるが、『本草綱目』を読んでいれば、蝉花を知っていたはずである。「夏に草となって実を結び、冬に虫となって動き回る」（米倉、二〇〇四）がごとき冬虫夏草（実際はキノコの一種）がある以上、あながち非科学的な発想とも言えないのであって形態変化の着想を真に受けてもおかしくないのである。

●無常観

第四は〈無常観〉である。〈自然世〉の立論においては、我々はそこに仏教的あるいは道教的な〈無始無終〉の論はあっても、〈無常観〉を見いだすことはできなかった。むしろ、中期の稿本『自然真営道』私法仏書巻では、「無常・迷妄ノ語ニ溺レテ、秋悲ノミヲ言唱スル妄造ナリ。本ト『涅槃経』ノ罪ナリ」「人、生マレテ児童・壮ハ進気之レヲ為シ、老・病・死ハ退気之レヲ為シ、進退ハ一気ナリ」、「不安・無常ト云ヘルコト曾テ絶無ナリ」（安藤昌益研究会編、一九八三d：三八九）と全く否定的になる。ところが「禽獣草木虫魚性弁」では、「天地造化ノ効用、草木ノ花咲キ、実リ、禽獣ノ淫合スル理同ジナリ。蜉蝣ノ虫夜ヲ知ラズ、小虫ノ目ニサヘギラズダニ有ルコトナリ[10]。蝉ノ虫ノ春・夏〈秋〉ヲ知ラズ。鶯ノ秋・冬ニ功ナク、鳥ノ老死・猫ノ老死スルヲ見ズ」と、春には花が咲き、禽獣が交合するのに、カゲロウは夜を知らず、小虫が目の邪魔になることもなくなり、蝉は秋を知らず、鶯は秋や冬は美声を発することなく、鳥や猫は死期が近づくと死に場所を探して隠れてしまうと語っている。ここには後に昌益が否定する生命のはかなさを含意する〈無常観〉が彷彿しているのではないか。もちろん「あらゆる万物悉く皆天地の功」という「造化」が主眼であるのだが、結果的に生命の消滅という〈無常観〉を読み取れるのである。

むすび

以上、安藤昌益の動物論を、その主著である「法世物語」から展開して、初期の「禽獣草木虫魚性弁」へと遡る形で概観した。無論、それぞれの論稿はその時期によって主題が異なる。例えば、「禽獣草木虫魚性弁」では、仏教の全否定ではなくて仏教を肯定する立論が含まれている。『統道真伝』禽獣巻の主たる対象は「本草学」の批判であった。そして「法世物語」は動物劇を通じた身分制社会の批判の書であった。しかし、同時に決して切り離すことができないことも明白である。つまり、前の時期に執筆された内容が後の時期に再度展開されているのである。

では最後に、昌益の動物論、特に「法世物語」の現代的意義と問題点を検討することにしよう。まず問題点である。これは現代的問題ではなく、このドラマの致命的な問題である。前述のように、職人は登場するが農民・漁民・鉱夫がいないのである。特に昌益が一番力説した直耕する担い手が描かれていない。〈法世〉において農民がどのような状況に置かれていたのか、それを描くことが抜けていたと言わざるを得ないドラマなのである。

ではいかなる現代的意味があるのであろうか。それは第一に、以下の馬の発言である。「馬方というものが現れて、わたしどもの口に轡をかけたり、あるいは肛門に唐辛子を差し込んだり、蹄をけずって焼いた蹄鉄を打ちつけたりして、いやおうなしに乗り回しながら、存分に餌をくれないありさまです。その苦しみは堪えがたいものです」(安永、一九九二：一三〇、傍点部分の原文は「爪を切り焼き金を当て」である)。これは現代的に言えば動物虐待そのものではあるまいか。

天下の悪法と呼ばれた五代将軍徳川綱吉の「生類憐みの令」は、貞享二(一六八五)年から綱吉が逝去した宝永六(一七〇九)年まで履行されたが、現代では綱吉は動物愛護の先駆者と呼ばれている。そこでは馬の尾ぐきを切り、烙鉄をあてることが禁止されていた(板倉、一九九二)。当然、昌益は「生類憐みの令」を知っていたはずであるが[11]、それには触れていないものの『法世物語』をして動物愛護思想の先駆的書物とみることが可能なのである。

第二に、以下の籠の鳥についての指摘も、昌益をして動物愛護思想の先駆者であったことを示している。「鳥類が人に捕らえられ、籠で飼われて長くたつと、形化の時期がきても生まれ育った山野ではないために、形化できずに死んでしまう。また長年飼ってから放し山野に帰すと、長らく人の通気に触れて、それに鳥の横気(野生)が打ち負かされているために、山野の横気に即応することができず死にます」(安永、一九九二：一二八；安藤昌益研究会編、一九八三b：八三)。今日、いわゆる愛玩動物や鶏のケージ飼育の動物虐待が問題となっているが、この点でも昌益が動物愛護思想の先駆者であったことを示すものである。

第三に昌益は、前述のように獣肉禁止論者であった。獣肉は鳥獣虫魚が基本的に互食しあう彼らの食べ物であって、人間の食べ物ではないという誤解に基づくものであるが、近年広がりつつある動物も個体として尊重されるべきであるという「動物の権利」思想の先駆者とも言えるのである。

今、安藤昌益の動物論は燦然と輝いている。

注

1　天聖寺での講演の時期については、延享元(一七四四)年春という説と冬という説、あるいは延享二年冬説がある。初出稿では延享元年春説を採用したが、近藤悦夫が神山仙庵が延享元年八月から翌年五月まで八戸を離れていたという有力な説明を行っており、延享元年春ではない理由も記載しているので、延享二

年冬説に修正した（安藤昌益全集刊行会監修、一九九一：四九六；近藤、二〇一四：一六一～一六二）。

2　「禽獣草木虫魚性弁」については、農文協版『安藤昌益全集』第一六巻下の解説で、寺尾五郎は、「博聞抜粋」と同時期であろうと推測しており（安藤昌益研究会編、一九八六c：二九）、この理解が正しいならば延享二（一七四五）年頃ということになるが（若尾、二〇〇四：二五五）、本文第二節で述べるように同時期説には疑義がある。

3　ここでの鯇（雨魚）は、「詩文聞書記」とは異なり原文では魚＋昇（魚辺に昇）である。李時珍の『頭駐国譯本草綱目』によれば鯇は草魚と呼び鯉に似たもので、その頭駐では日本本土にはおらず五尺に達するとある（李、一九二九、第一〇冊：四五七～四五八）。しかし、ここで昌益が取り上げているのは、琵琶湖および流入河川に住むビワマスのことと見なされる。

4　安藤昌益研究会編、一九八五b：二二二、注一〇参照。また『頭駐国譯本草綱目』第五一巻（李、一九二九：四三八）に記載されている、ぺきんざるを指しているのかも知れない。

5　安永寿延版を基本としながらも農文協版全集、第六巻で補正した。

6　野口は、おしどりと現代語訳しているが、原文は虫へんに宮である。農文協版全集、第三巻の注によればヤモリをさすとのことである（安藤昌益研究会編、一九八三c：四〇六）。

7　安永寿延版を基本としながらも、校倉書房版全集、第一巻で補正した。

8　〈通横逆〉について、山崎庸男によれば昌益と同時代の運気論医であった小原澤通三が正・直・邪という概念を使用していたとトリアーデの共通性を指摘している（山崎、一九八四：三二）。

9　ここでの十気は、木の進退、火の進退、土の進退、金の進退、水の進退という「転（てん）の十気（とき）乃ち、五行の進退なり」を受けて語られているが、それは「鳥は横気の進偏にして転に偏る」からである（奈良本訳注、一九六六：二九八、三二五）。

10　この部分は冬季を指すと理解する。昌益は『統道真伝』禽獣巻で、「凡て虫類は、春動し、夏易し、秋喘（ぜい）し、冬蟄（ちつ）す」（奈良本訳注、一九六六：三四七）と述べている。

11　因みに昌益は「私法神書巻」下で、「延宝九年、天和と改元する。徳川綱吉、征夷大将軍となり、内大臣正二位右近衛大将に叙せられる」（安藤昌益研究会編、一九八六b：九八）と綱吉について言及していた。

第7章　転真敬会祭文と昌益の二井田帰村

はじめに

安藤昌益は、宝暦八（一七五八）年二井田村に帰村した。また昌益の息子、安藤周伯が宝暦一三（一七六三）年母を伴って上京し、山脇東門の門人になった。そこで帰村した昌益をめぐって彼がどのような活動を行ったのか、また昌益の門下生が何らかの結社を造らなかったのかが問題となる。議論が多い二井田村帰村後の昌益の活動は、後で検討することにして、まず後者から始めよう。

第1節　転真敬会祭文について

●神山仙庵（仙確）著「転真敬会祭文」

昌益は稿本『自然真営道』大序巻で自ら「師無く弟子無く教え無く習え無く」と述べ、また神山仙確も「良子には師無く弟子無し」とは述べていたものの、仙確自ら「良子は吾が師也」と語っており、弟子がいたことは事実である（安藤昌益全集刊行会監修、一九八一：一二；一八）。

ところで上杉修所蔵資料目録に、神山仙庵（仙確）著「転真敬会祭文」があった。いわゆる『昌益未刊資料』の一部である（野田、一九九八：四五；三宅、一九九六：二五七）。そこで寺尾五郎は「転真敬会祭文注解」の中に書かれている大文字部分を復元した。以下は注解書き下し文と対照しながら筆者が転載したものである（寺尾、一九八六b：三六～三七）。

夫(そ)レ真ノ徳、何ヲ以テカ之レヲ敬シ、熟(いず)レヲ以テカ之レヲ祭ラン。人ト云ヘルコトハ男女ノ言(いい)ニシテ、男女ニシテ人(ひと)ナリ。若シ、男ノミ、女ノミト偏言(へんげん)シテ人ト呼ブ者ハ、人ノ言(いい)ニ非ズ。乃(いまし)イ私愚ノ失(あやま)リナリ。

故ニ唯ダ、男女(ひと)ノ神身ヲ以テ、真ノ徳ヲ明カシ、敬糺シテ之レヲ惟(おもんみ)レバ、則チ男女(ヒト)ノ神(しん)ハ木火之レヲ主(つかさど)リ、男女(ヒト)ノ身ハ金水之レヲ主ル。

小大ニ進ミテ神行ヲ為シ、小大ニ退キテ身力ヲ為ス。小大ニ進退・退進シテ、神行・身力、一気・一体ナリ男女(ヒト)自リ見聞ニ通ジテ、神行ハ心(しん)之レヲ主リ、身用ハ知(ち)之レヲ主ル。

心知ハ神霊ノ舎ニシテ、神魄(こんぱく)之レニ須(ま)チテ、心感・身行、之レヲ遂ゲズト云フコト無シ。

此ノ備道、身ヅカラ大感シテ転定・中土、一体ト察(ミ)レバ、則チ中真自リ感(ハタラ)イテ耕道ヲ為ス。

其ノ感(ハタラ)ク容(スガタ)、小進スレバ木(き)ノ徳用ナルハ左ノ手ニシテ、春時ノ発生ヲ為シ、大進スレバ火(ひ)ノ徳用ナルハ右ノ手ニシテ、夏時ノ育盛ヲ為シ、小退スレバ金(かね)ノ徳用ナルハ右ノ足ニシテ、秋時ノ実堅ヲ為シ、大退スレバ水(みず)ノ徳用ナルハ左ノ足ニシテ、冬時ノ枯蔵ヲ為ス。

大(だい)ニ転定ノ直耕、小ニ男女ノ耕織、大小、転定・男女(ひと)、唯ダ此レ一真・全体ノ自リ進退(ハタラク)ノミ。

其ノ転ト為ル木火、無終ナリ。定ト為ル金水ハ無始ナリ。転定・男女、真要ニ無甫無畢ナリ。

是レ此ノ転定・男女、二行・一体ナル中《ウチ》ニ、転定ト男女ト自リ具フル者(も)ノ在り。是レ何者(なにもノ)ゾ。

之レヲ嘆敬スルニ、転定・日月・星宿辰、一粒ニ凝尽シテ成ル者ノ、是レ寿根ナリ。自(ミずか)ラ発シテ男女(ひト)ト成リ畢(おわ)ンヌ。

是ノ故ニ此ノ寿根ハ、転定ヨリ来リ男女(ひト)ニ往キ、往来ハ寿根(じゅこん)ノ進退ニシテ、而モ其ノ進退転定ト男女(ひト)ト与(ニスル)ナリ。男女(ひと)ヲ去リテ転定ニ往キ、転定ニ往キテハ則チ寿根ニ帰シ、然シテ男女(ひと)ニ来ル。故ニ転定ト男女ト只ダ寿根ノ進退ナリ。

進退ハ真ノ一感ナリ。

故ニ寿根ハ真ノ家台(かだい)ニシテ、自リ進退シテ転定・男女(ひと)タリ。

転定有リト雖モ、寿根無キ則ハ、男女(ひと)有ルコト能ハズ。

男女(ひと)有リト雖モ、寿根無キ則ハ、転定有ルコト能ハズ。

寿根有リト雖モ、男女(ひと)無キ則ハ、何ヲ以テカ寿根ノ真徳有ランヤ。

此レ理ナル哉。転定・寿根・男女(ひと)ニシテ一真ノ進退・一気タリ。

此ノ一気ノ五行、通・横・逆ニ進退ヲ為ス常ノ行(ぎょう)ニシテ、是レガ真、自リ耕営ノ道ナリ。

此ノ故ニ真ノ自徳ハ、寿根之レヲ見ハス。誠ニ懸(カタジケ)ナイ哉ヤ、寿根。敬ヒ尽シ難イ哉ヤ、中真。

何(いず)レノ時カ之レヲ敬ハズ、男女(ヒト)、何ノ為ニカ生キンヤ。只之レヲ敬耕シ、之レヲ耕行センガ為《メ》ナリ。


「転真敬会祭文注解」の冒頭で、会のいわれが説明してある。ここで「敬」について「所謂天真ニ敬礼シテ、先師ノ真学ニヨリテ敬尊ノ義ヲ知ル。」と述べている。「会」について「倶ニ皆、党ヲ結ビ集マリ寓(つど)フノ義ナリ。今此ノ敬会ノ如キハ、則チ先師ノ自然真道ヲ説話シ、真妙徳ノカタジケナキ」ヲ賛へ、之ヲ弟子ニ告授スルコトヲ為シ、是ノ故ニ真徳ニ入ルノ哲ト会合ヲ為シテ、以テ同和スル者ナリ」とある。「祭」については、「察ナリ。察ハ至ルナリ。人事ノ察、神ニ至ルノ義ト言ヘリ。祭ハ敬ノ至リ、故ニ斎戒沐浴シテ身ヲ潔メ意ヲ清マシテ、真徳ヲ敬尊ス」と指摘する（安藤昌益研究会編、一九八六c：三八二）。

●密教的雰囲気

ここで「会」を「党ヲ結ビ集マリ寓（つど）フノ義ナリ」と述べているものの、いわゆる政治的秘密結社とは趣をことにする。それは「天真ニ敬礼シテ、先師ノ真学ニヨリテ敬尊ノ義ヲ知ル」となっており、「先師ノ自然真道ヲ説話シ、真妙徳」のありがたさを讃える一種〈宗教的な〉敬尊の機会であるからである。既に松本健一は、一九七六年に「密教的臭いがする」。それは「禊教や隠し念仏などに似た運営形態」を採っていたからであると指摘していたのである（松本、一九七六＝二〇〇二：一八；一九七九：二一二）[2]。

先師とあるので、昌益の生前に作成されたというよりも（安永・山田、一九九六：三二；茅沼、一九九六：一二六）、昌益没後に作成されたと見なすのが自然である（山崎、二〇一六：六六）。昌益の門人のなかに高橋大和守正方と中居伊勢守藤原幸通太夫という二人の神職がいたことからも、神道に〈親和性〉を有していた。

その内容であるが、「大（だい）ニ転定ノ直耕、小ニ男女ノ耕織、大小、転定・男女（ひと）、唯ダ此レ一真・全体ノ自リ進退（ハタラク）ノミ。」と示しているように、前半は主として男女をもって人であり、これこそ「一真」であると理解することを主眼としている。

●〈寿根〉の強調

むしろ、注目されるのが。「寿根ハ、転定ヨリ来リ男女（ひト）ニ往キ、往来ハ寿根（じゅこん）ノ進退ニシテ、而モ其ノ進退転定ト男女（ひト）ト与（ニスル）ナリ。男女（ひと）ヲ去リテ転定ニ往キ、転定ニ往キテハ則チ寿根ニ帰シ、然シテ男女（ひと）ニ来ル。故ニ転定ト男女ト只《ダ》寿根ノ進退ナリ」という〈寿根〉の強調である。

〈寿根〉の強調から、『老子道徳経』第六章の「天地の根」が想起される。既にみた「谷神（こくしん）は死せず、是れを玄牝（げんぴん）と謂う　玄牝の門（もん）、是れを天地の根（こん）と謂う」（金谷、一九九七：三二）がそれである。あたかも昌益門下は「玄牝の門」に逆らって男根崇拝を持ち込んだかのように読めるが、そうではない。

「是ノ故ニ此ノ寿根ハ、転定ヨリ来リ男女（ひト）ニ往キ、往来ハ寿根ノ進退ニシテ、而モ其ノ進退転定ト男女（ひト）ト与（ニスル）ナリ。男女（ひと）ヲ去リテ転定ニ往キ、転定ニ往キテハ則チ寿根ニ帰シ、然シテ男女（ひと）ニ来ル。故ニ転定ト男女ト只《ダ》寿根ノ進退ナリ」についての以下の注解を見れば、明白である。

「此ノ章、穀ノ転定ヨリ来リ男女ニ往ク、其ノ往来ハ穀ノ進退ニシテ、穀進ミテ男女ト成リ、穀退イテ転定ニ帰シ、又転定ヨリ来リテ男女ニ往クナリ。故ニ転定ト男女ト与ニ只ダ此レ寿根ノ進退ナリト謂ヘルナリ」（安藤昌益研究会編、一九八六c：三八九）。つまり、寿根というのは、穀ノ進退のことであり、穀進めば男女（ヒト）になり、穀退けば転定に帰るという意味である。

●寿根（イノチノネ）

これは『統道真伝』万国巻で、昌益が「稲は●寿根（イノチノネ）なり。人は稲の精に生ず。故に人の寿根は稲なり。稲の精に生じて、稲を食うて命を養う。故に稲は命根なり。人は此の稲の精に生れて稲に因りて人の居根（イネ）常なり。故に稲は又、人の居根なり。若し稲を食わざるなれば人の世に居寝（イネ）すること能わず。唯此の稲を食う故に人の能く居寝して常なり。故に稲は又、居寝なり。其の実体は飯根（イイネ）なり。儒・仏・神の万法。稲を食うて寿根有りて、而して後の腹業なり。寿根の無くんば、則ち何を、儒・仏とか言わんや」（奈良本訳注、一九六七：一三〇；安藤昌益研究会編、一九八三a：二七八）と述べていることに照応する。

「転真敬会祭文注解」では〈寿根〉（じゅこん）と述べており、万国巻では〈寿根〉（イノチノネ）と呼び方は異なるものの、〈寿根〉が〈稲〉を指していることは明白である。

それどころか、『統道真伝』万国巻の、「稲は●寿根（イノチノネ）なり」と書いてある、二段落前には、「米は●神（カミ）なり。コメカミ同音なり。神（カミ）は人の主宰なる妙神なり。人の神は米を食うておる。乃ち米の精神なり。人の未だ始まらざる前（サキ）は米にして、米の精が人に成り、此の身は米なり。米の精は神にして此身なり。此身有れば神（カミ）有り。神在れば此の身有り。皆、米の為せる所なり」（奈良本訳注、一九六七：一二九；安藤昌益研究会編、一九八三a：二七七）と、米信仰が示されているのである。

●天照大神崇拝

この米信仰は、自然神道思想の基盤をなすもので、天照大神崇拝と結びついている。というのは天照大神は「太陽の神、稲作の神」として崇められた。それは水田耕作にとって太陽が不可欠であったからである（新谷、二〇一七：一三；伊坂、二〇二二：一八）。昌益は「伊勢・天照太神ハ唯一ノ神法ナリ。日本第一ノ宗廟ナリ」（安藤昌益研究会編、一九八六b：五六）と稿本『自然真営道』私法神書巻下で述べ、私法神書巻上では天照太神がその「神徳」として「田と織物のことを言って、耕農・織衣の道を行わせた」（安藤昌益研究会編、一九八四a：二九九；野口編、一九八四：二一四；三宅、一九九六：四〇〇）

ことを指摘する。だから昌益の自然神道論は〈米信仰〉を基盤にして形成されたと見なすことができるのである。

このように見てくると「転真敬会祭文注解」には、自然神道も天照大神も、どこにも登場しないにもかかわらず、〈米信仰〉に基づく「自然神道」の啓蒙文であったのではなかろうか。ただし、八戸藩では農民が米を食うことはご法度で、握り飯まで禁じられ、隠田が見つかると死罪の状態であり(野田、一九九八：三〇)、「転真敬会」が農民にまで伝えられることはありえなかったと言えよう。伝えること自体がある種の危険思想とさえ受け止められたかも知れない。

第2節　最晩年の昌益

(1)二井田村の改革

●『元禄』の世に革命思想あり

宝暦八(一七五八)年、昌益は数えで五六歳の時、二井田村に帰り、安藤家本家を継ぎ孫左衛門を襲名した。これは昌益の兄であった孫左衛門が逝去したためである。その後宝暦八(一七五八)年から亡くなる一二(一七六二)年にかけて二井田村の改革を実施した。

問題はここからである。以下の長文は一九九〇年に放送されたＮＨＫのテレビ番組『歴史誕生』「『元禄』の世に革命思想あり―追跡安藤昌益―」の二井田村の改革に関する部分を活字化したものである。

大館市二井田の一関家の先祖は、晩年の昌の第一の門弟だった。昌益の墓が発見されることになったのは、一関家の土蔵から二つの文書が見つかったことがきっかけだった。

そのひとつが「石碑銘」と題された文書であり、内容は昌益の三回忌に門弟たちが建てた顕彰碑の碑文の写しだった。二井田村の昌益の門弟たちは、昌益を「守農大神」、つまり農民を守る神様として、その徳をたたえる石碑を建てた。ところが、その石碑は門弟たちと村の宗教関係者のあいだのいざこざが原因で、粉々に砕かれ、土中に埋められたのであった。

昭和五八年、昌益の没後二二〇年を記念して、安藤家の前にその石碑が再建された。地元の有志はもとより、日本の各地から、昌益の思想を現代によみがえらせようという趣旨に賛同する人たちが多くあらわれ、二二〇年近い歳月を隔てて、昌益碑はよみがえったのである。碑文は、字体もその内容も、一関家で発見された「石碑銘」の写しがそのまま使われている。

では、石碑が破壊を余儀なくされた理由とは、いったい何だったのか。その顛末は、「石碑銘」文書と同時に一関家から発見されたもうひとつの文書に克明に記されている。

その文書によれば、昌益が二井田にやってきてからの五年間に、神事や祭礼、そして伊勢講などの宗教的行事は取りやめられ、神社や寺は有名無実となった。それは昌益の仕業だった。その昌益を顕彰する碑を建て、さらに昌益を勝手に「守農大神」として祀るのはけしからん、というのが村の宗教関係者のいい分であり、門弟たちは結局、この争いに負け、石碑を破壊して紛争を収めたのである。

二つの一関家の文書から想像できるのは、昌益はかねてから封建支配の道具となった一切の宗教に対して否定的であり、それを晩年この地で実践していたのではないかということである。さらに昌益の人と思想を熱烈に慕い、昌益の死後も、やむにやまれず、そのひたむきな想いを石碑に託そうとした人々が、まぎれもなく存在したという事実である（ＮＨＫ歴史誕生取材班、一九九一：八九）。

●宗教批判

しかし、果たして昌益は、第一に「封建支配の道具となった一切の宗教に対して否定的であり、それを晩年この地で実践していた」のかどうかである。第二に「昌益の人と思想を熱烈に慕い、昌益の死後も、やむにやまれず、そのひたむきな想いを石碑に託そうとした人々が、まぎれもなく存在したという」事実は本当なのかどうかである。

第一の見解は、「直耕の真人」を勧める安永寿延や昌益を無神論者としてみる寺尾五郎の見解である（安永、一九九二：五三；安丸、二〇〇七：七六；寺尾、一九八五：一一〜一三）。〈理論から実践へ〉如何にもありそうなもっともらしいストーリー立てである。しかし、既に昌益が無神論者ではなく自然の神道論者であることは論証して来た。そうであれば別のストーリーでなくてはならない。

「五年間に、神事や祭礼、そして伊勢講などの宗教的行事は取りやめられ、神社や寺は有名無実となった」のは、〈無神論者〉であったからではなくて、村人の出費を抑え削減するためであったとするのが説得的ではなかろうか。

三宅正彦によれば、「昌益が実現させたのは、神事・祭礼・講の停止であった（「聖道院覚書」[3]）。これらは、豊作を祈り、一家一族の繁栄を願い、村落の結合を深める不可欠の行事と組織であった。とくに村の守り神のお祭りやその維持組織である講に参加することは、村人の義務ですらあった。昌益がこれらを根本的に否定するならば、寄合を主導するどころか、村人から排除されたにちがいない。また、みずから守農太神と祭られようとした事実とも矛盾する。

『神社（じんじょ）ため、食（け）ため』といわれるように、神事・祭礼・講には、ドブロクをかもし、餅をつき、切りタンポを煮、バクチが行われる。窮乏時の村人たちにとって、これらの出費は過重であり、昌益の意図はそれを削減することにあった。もともとお祭りを盛大な『飲み祭り』にするか、お祓いだけにとどめるかは、稲作の豊凶にもとづいて寄合が決定するものであった。昌益の提案は、村の慣習に添うものであり、そうでなければ受け入れられるのは困難であったろう」（三宅、一九八三：二二）という。

いずれが説得的かは明白である。他方、山﨑は昌益が彼の「自然の神道」に基づいて、現世利益を求め、既成宗教に依存する姿勢について批判し、教化したと提起するが（山﨑、二〇一六：五九）、後述するように「石碑を郷中＝村の自治組織が破壊した」という事実からすれば、少なくとも郷中全体を教化できたのかどうかは疑問である。事実帰村したばかりの昌益がカリスマ的にその思想・神道を簡単に受容されたとは考えにくい。

なお忘れてはならないのが二井田村の改革だけではなくて、昌益は帰村後も医療活動を実践していたことが推測される。そのことは明和二（一七六五）年三月、「大館様より御代官ヲ以　被仰渡候御口上之覚」という村に届いた文書では、「近年当村ニ徘徊致、邪法を執行ひ郷人を相惑ハし候医者正益弟子、山本郡靏形村《つるがた》[4]より罷越居候医者玄秀」（寺尾、一九八五：六一；山﨑、二〇一六：五四）と、医者正益（昌益）とわざわざ医者であることが書き記されているからである。

(2) 石碑銘をめぐって

● 守農太神

第二の点を見よう。「昌益の人と思想を熱烈に慕い、昌益の死後も、やむにやまれず、そのひたむきな想いを石碑に託そうとした人々が、まぎれもなく存在したという」事実について、三宅が既に「みずから守農太神と祭られようとした事実」と指摘している。昌益が亡くなったのは宝暦一二（一七六二）年であり、「石碑銘」は宝暦一一（一七六一）年なので多くの論者が昌益が生存中に建てられたと見なしている。

例えば、野田健次郎は、「困惑をおぼえざるをえないのは、守農大神とある碑の存在である。生存中に建てたのであるが、このようなことをしているのを喜ぶ昌益だろうか。残念なのは碑文も昌益の手になると思われることだ」（野田、一九九八：五九）と述べている。ただ既に宝暦一一年には昌益は病気だったのではと推測されており（茅沼、一九九六：一二四；山﨑、二〇一六：四九）、単純に自らを顕彰するために石碑の建立を承認したのかどうかは疑わしい。ただ「児屋根百四十三代」と称し、自らを「儒道統之図」のなかに著した昌益であるからして、自ら顕彰することにさほど抵抗はなかったと言えよう。

「石碑銘」の中心部分は、茅沼が作成した図3の通りであるが、守農太神の該当部分は「此れ［孫左衛門］、他国に走り、先祖の忘却を嘆き丹誠を懲（こ）らして、廃（すた）れたる先祖を興し、絶えたる家名を挙ぐ。後世、誠に守農太神と言ふべし」と顕彰している。むしろ問題なのは、「気行は無始・無終、無為の絶転。人（ひと）、目前に観る所なり。然れども三万年来、是れを明（あ）かし見る者無し。転下（てんか）広しと雖も、是れを知る者無し。人々具足（ぐそく）の面部八門の四

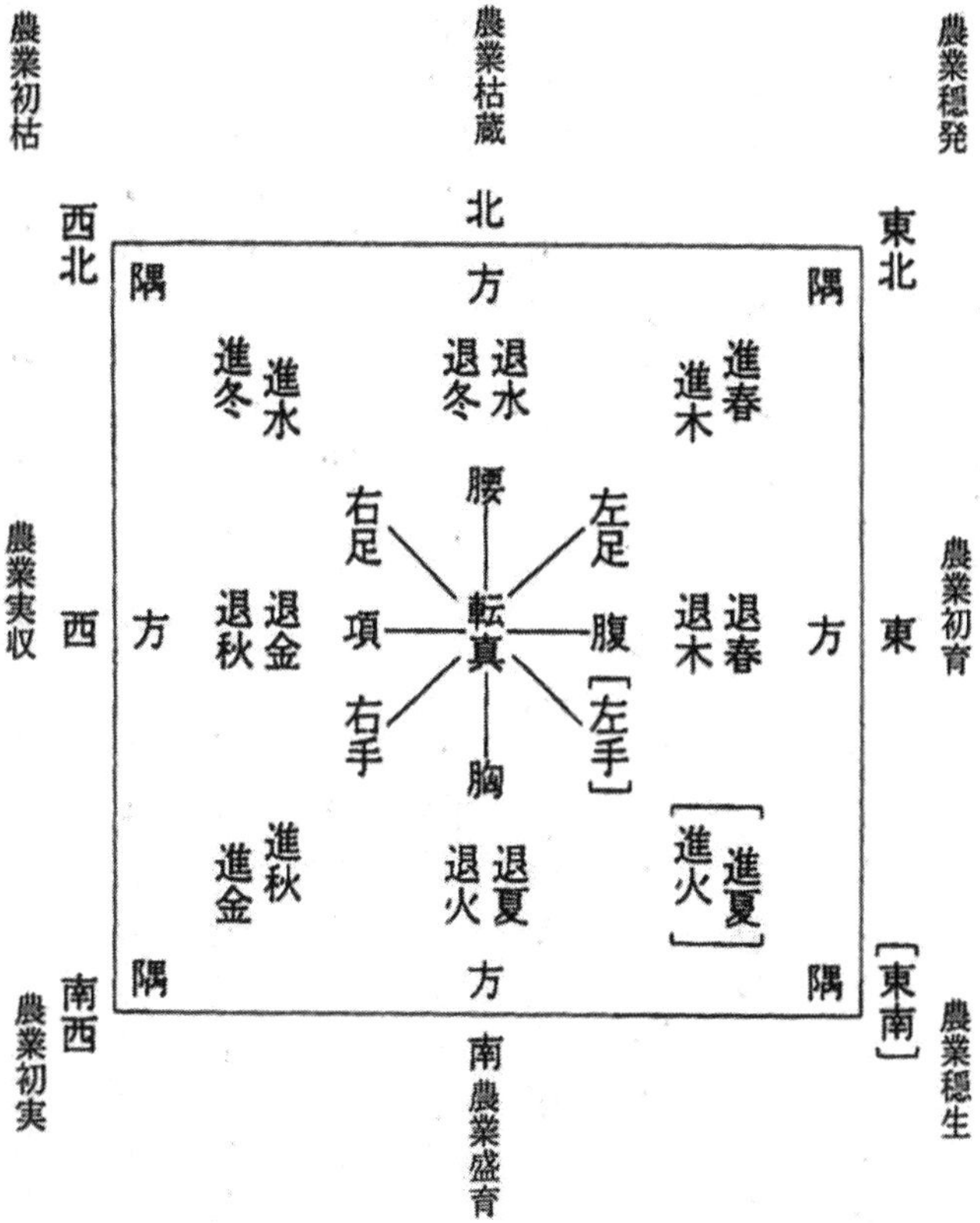

図３　石碑銘の中心部分

出所）萱沼、1996: 123。

行、進退して互姓(性)の八気、転真の真神行の倶成、知る者無し。故に転真の妙道、廃(すた)る。予、之を悲しみ、転真の妙道、明かすを得たり。倶(とも)に一和して、是れを後世の為に修す。」(尾藤・島崎校注、一九七七：二八三；三宅編、一九八三：七〇)という部分である。特に昌益思想が廃れていることを悲観している。しかし、「転真の真神行」とは何か。昌益の神道思想を表現しているのではあるまいか。

●自然神道の顕彰

実際、「昌益三回忌の夜、門弟たちは、魚料理で法事」を実施している。これは仏式の法事ではない。神道思想に基づくものであるが(山崎、二〇一六：六〇；三宅、一九九一：五四五)、聖道院は門弟達を〈邪教〉集団と見なしたのかも知れない(茅沼、一九九六：一一〇)。したがって、「昌益の人と思想を熱烈に慕った」というのは不十分な記述であり、「昌益の人と思想=自然の神道」を顕彰し、その思想=自然の神道を後世に記すために建立したというべきであったのである。しかし、「守農太神」として顕彰した石碑は「宗門改め」に関わる、ご禁制に触れる重大事であったのであり(三宅、一九九一：五四五)、郷中で破壊せざるをえない宿命であったのである。

注

1　原文は漢字で「轉の下（脚）に心」と記載されている。

2　あわせて山﨑（二〇一六）、二四九〜二五〇ページ参照。安丸は〈同信者集団〉と指摘する（安丸、二〇〇七：七五）。

3　「聖道院覚書」とは、三宅の独特な用語であり、一般に「掠職手記」と呼ばれている（尾藤・島崎校注、一九七七；安藤昌益全集刊行会監修、一九九一；安藤昌益研究会編、一九八五a参照）。

4　原文の䨮は雨冠＋金偏＋鳥である。玄秀とは弟子の内藤玄秀であるが、ここでは触れない（三宅一九九六：二九〜三一参照）。

引用・参考文献

Hunter, J. (1992) *The Animal Court: A Political Fable From Old Japan*, Weatherhill, New York.

Lương Đức Mến, Già Bản Ở Phố, http://menthuong.blogspot.com/2011/06/trung-dung-va-ngu-thuong-thoi-kts.html

Norman, E. H. (1979), *Ando Shoeki and the Anatomy of Japanese Feudalism*, University Publications America, Washinton. 大窪愿二訳(一九五〇)『忘れられた思想家—安藤昌益のこと—』上巻、岩波新書。

Yasunaga, T. (1992) Ando Shoeki, Wetherhill, New York.

浅野裕一(一九九八)『墨子』講談社学術文庫。

安藤昌益研究会編(一九八二a)『安藤昌益全集』第一巻、農山漁村文化協会。

安藤昌益研究会編(一九八二b)『安藤昌益全集』第一九巻(復刻編三)、農山漁村文化協会。

安藤昌益研究会編(一九八二c)『安藤昌益全集』第一八巻(復刻編二)、農山漁村文化協会。

安藤昌益研究会編(一九八三a)『安藤昌益全集』第二一巻(復刻編五)、農山漁村文化協会。

安藤昌益研究会編(一九八三b)『安藤昌益全集』第六巻、農山漁村文化協会。

安藤昌益研究会編(一九八三c)『安藤昌益全集』第三巻、農山漁村文化協会。

安藤昌益研究会編(一九八三d)『安藤昌益全集』第四巻、農山漁村文化協会。

安藤昌益研究会編(一九八三e)『安藤昌益全集』第二〇巻(復刻編四)、農山漁村文化協会。

安藤昌益研究会編（一九八四ａ）『安藤昌益全集』第五巻、農山漁村文化協会。

安藤昌益研究会編（一九八四ｂ）『安藤昌益全集』第二巻、農山漁村文化協会。

安藤昌益研究会編（一九八四ｃ）『安藤昌益全集』第八巻、農山漁村文化協会。

安藤昌益研究会編（一九八五ａ）『安藤昌益全集』第一四巻、農山漁村文化協会
安藤昌益研究会編（一九八五ｂ）『安藤昌益全集』第一一巻、農山漁村文化協会。

安藤昌益研究会編（一九八五ｃ）『安藤昌益全集』第一二巻、農山漁村文化協会。

安藤昌益研究会編（一九八六ａ）『安藤昌益全集』第一三巻、農山漁村文化協会。

安藤昌益研究会編（一九八六ｂ）『安藤昌益全集』第一六巻上、農山漁村文化協会。

安藤昌益研究会編（一九八六ｃ）『安藤昌益全集』第一六巻下、農山漁村文化協会。

安藤昌益研究会編（一九八七）『安藤昌益全集』別巻、農山漁村文化協会。

安藤昌益全集刊行会監修（一九八一）『安藤昌益全集』第一巻、校倉書房。

安藤昌益全集刊行会監修（一九九一）『安藤昌益全集』第一〇巻、校倉書房。

尾藤正英・島崎隆夫校注（一九七七）「安藤昌益・佐藤信淵」『日本思想大系』四五、岩波書店。

尾藤正英・石渡博明・松本健一編著（二〇〇二）『日本アンソロジー 安藤昌益』光芒社
CAO ĐÀI TỪ ĐIỂN (2003) http://www.caodaism.org/CaoDaiTuDien%28v2012%29/cdtd-van_U.htm
千葉克一（二〇一二）「照井竹泉は照井藤右衛門・碩安か」石渡博明・児島博紀・添田善雄編『現代（いま）に生きる安藤昌益』御茶の水書房。

陳化北（二〇〇一）「安藤昌益の差別思想」三宅正彦編『安藤昌益の思想史的研究』岩田書院。

伊達功（一九九五）「安藤昌益―ユートピア思想史の視座から―」『松山総合研究所報』第一九号。

伊達功（一九九八）「現在の安藤昌益研究—分裂と拡散—」『松山大学論集』第一〇巻第二号。

ドアン・レ・ジャン（二〇一四）「ベトナムと日本の儒教の比較」麗澤大学—ホーチミン市国家大学人文社会科学大学編『現代における経済と道徳』（日本語—ベトナム語出版）社会科学出版社、ハノイ。

藤田弘夫（二〇〇八）「都市社会計画の比較社会学」橋本和孝・藤田弘夫・吉原直樹編『アーバン・ソーシャル・プランニングを考えるⅡ 世界の都市社会計画』東信堂。

福武直（一九七六）「日本農村の社会的性格」『福武直著作集』第四巻、東京大学出版会。

八戸市史編纂委員会編（二〇一三）『新編八戸市史—通史編Ⅱ 近世—』八戸市。

ハノイ歴史研究会、http://hanoirekishi.web.fc2.com/hoian.html
橋本和孝（一九九六）『ソーシャル・プランニング』東信堂。

橋本和孝編著（二〇一三）『縁の社会学』ハーベスト社。

橋本和孝（二〇一七a）『失われるシクロの下で—ベトナムの社会と歴史—』ハーベスト社。

橋本和孝（二〇一七b）「カオダイ教ミン・チョン・ダオ（明真道）派の宗教・思想的背景、その1」『関東学院大学人文学会紀要』第一三六号。

橋本和孝訳（二〇一八）「カオダイ・ミン・チョン・ダオ聖会『カオダイ教の宗旨・目的』」『関東学院大学人文学会紀要』第一三八号。

橋本和孝（二〇二二a）『安藤昌益の歴史社会学的接近』私家版。

橋本和孝（二〇二二b）「安藤昌益の動物論—動物愛護思想の先駆者—」『関東学院大学人文学会紀要』第一四七号。

廣島一衛（二〇一六）「安藤昌益と日本国憲法」三浦忠司編『安藤昌益と現代』安藤昌益資料館を育てる会。

細谷昂（二〇二一）『日本の農村』ちくま新書。

家永三郎（一九九三）「一九四五年以前の反戦・反軍・平和思想」家永三郎編『日本平和論体系 1 安藤昌益・植木枝盛・中江兆民・北村透谷』日本図書センター。

伊坂青司（二〇二二）「日本神話の多次元的構造 ―『古事記』解読への視座―（上）」『神奈川大学人文研究』二〇三。

今宿純男（一九七四）「安藤昌益における〈変革〉論の思想的特質について」八戸市立図書館編『安藤昌益』伊吉書院。

石渡博明・三浦衛（二〇二一）「『学ぶ』について 昌益の学び、昌益に学ぶ」春風社編集部編『対談集 春風問学』春風社。

板倉聖宣（一九九二）『生類憐みの令』仮説社。

岩田武志（二〇〇一）「安藤昌益の人間観―『統道真伝』の一分析―」三宅正彦編『安藤昌益の思想史的研究』岩田書院。

ジャック・ジョリ（一九九三）「昌益はエコロジーの先駆者ではない」『現代農業 臨時増刊』。

金谷治（一九九七）『老子』講談社学術文庫。

金谷治訳注（一九九九）『論語』（改訳）、岩波文庫。

狩野亨吉（一九二八）「安藤昌益」『岩波講座現代思潮』第三冊。

加藤周一（一九八〇）『日本文学史序説』下、筑摩書房。

茅沼紀子（一九九六）『安藤昌益の学問と信仰』勉誠社。

神田嘉延（二〇一七）「自立と共生の教育社会学（その一一）」『鹿児島大学教育学部教育実践研究紀要』二六。

小林勝人訳注（一九六八）『孟子』（上）、岩波文庫。

小林嬌一（二〇一二）「人災論の元祖・エコロジスト安藤昌益」石渡博明・児島博紀・添田善雄編『現代（いま）に生きる安藤昌益』御茶の水書房。

近藤悦夫（二〇一四）『安藤昌益に魅せられた人びと』農山漁村文化協会。

李時珍（一九二九）『頭駐国譯本草綱目』春陽堂。

李彩華　（一九九三）「安藤昌益の独創的哲学と中国の伝統的哲学」農文協編『安藤昌益―日本・中国共同研究―』農山漁村文化協会。

松本健一（一九七九）『在野の精神』現代書館。

松本健一（一九七六＝二〇〇二）「安藤昌益と『東北』」尾藤正英・石渡博明・松本健一編著『日本アンソロジー安藤昌益』光芒社。

三浦忠司（一九九九）「安藤昌益の『儒道統之図』の発見とその意義」『岩手史学研究』第八二号、一九九九年。

三浦忠司（二〇〇九）『八戸と安藤昌益―安藤昌益ガイドブック―』安藤昌益資料館。

三浦忠司（二〇一九）『城下町南部八戸の歴史』伊吉書院。

三宅正彦（一九七一）「安藤昌益　自然真営道　大序」中村幸彦編『日本の思想』一八、筑摩書房。

三宅正彦（一九七四）「安藤昌益の思想と否定」八戸市立図書館編『安藤昌益』伊吉書院。

三宅正彦（一九八一）「稿本『自然真営道』の研究Ⅰ」安藤昌益全集刊行会監修、『安藤昌益全集』第一巻、校倉書房。

三宅正彦編（一九八三）『安藤昌益の思想的風土 大館二井田民俗誌』そしえて。

三宅正彦（一九九一）「『聖道院覚書』にあらわれた神仏習合と自然神道」安藤昌益全集刊行会監修『安藤昌益

全集』第一〇巻、校倉書房。

三宅正彦（一九九六）『安藤昌益と地域文化の伝統』雄山閣。

三宅正彦（一九九八）「安藤昌益における『東北』」『日本思想史学』三〇。

三宅正彦（二〇〇二）「安藤昌益の行動と思想」三宅正彦編『安藤昌益の思想史的研究』岩田書院。

三宅正彦「『統道真伝』の解説」日本大百科全書（ニッポニカ）小学館、https://kotobank.jp/word/%E7%B5%B1%E9%81%93%E7%9C%9F%E4%BC%9D-581057
村瀬裕也（一九九三）「安藤昌益の平和思想」農文協編『安藤昌益―日本・中国共同研究―』農山漁村文化協会。

村瀬裕也（二〇〇三）『東洋の平和思想』青木書店。

長瀧真理（二〇〇二）「安藤昌益の神代観と女性差別思想―『私法神書巻』の分析を通して」三宅正彦編『安藤昌益の思想史的研究』岩田書院。

NHK歴史誕生取材班（一九九一）『歴史誕生』9、角川書店。

奈良本辰也訳注（一九六六）『統道真伝』上、岩波文庫。

奈良本辰也訳注（一九六七）『統道真伝』下、岩波文庫。

新野直吉（二〇一五）「秋田人の立場で観、感じた安藤昌益」『秋大史学』六一号。

西村俊一（一九九三）「日本エコロジズムの教育運動」農文協編『安藤昌益―日本・中国共同研究―』農山漁村文化協会。

野田健次郎（一九九八）『安藤昌益と八戸藩の御日記』岩田書院。

野口武彦編（一九八四）『安藤昌益 中公バックス 一九 日本の名著』中央公論社。

龍谷大学「龍谷大学図書館の沿革」https://www.ryukoku.ac.jp/eroli/history/index.html

桜田常久（一九六九）『安藤昌益』東邦出版社。

新谷尚紀（二〇一七）「政治・経済・信仰を生んだ稲作、邪を祓い霊力を補給する米」『くらし塾きんゆう塾』秋号、四二巻第五号。

鈴木宏（一九九九＝二〇〇二）「『儒道統之図』―安藤昌益京都修学に関連する新資料について」（『日本史研究』第四三七号）尾藤正英・石渡博明・松本健一編著『日本アンソロジー 安藤昌益』光芒社。

島守光雄（一九七四）「安藤昌益における女性解放思想」八戸市立図書館編『安藤昌益』伊吉書院。

相馬英生（二〇〇八）「八戸湊と遊女」『〈青森県史〉の窓』三四。

杉浦明平（一九六七）『維新前夜の文学』岩波新書。

田中義久（二〇一八）「コミュニケーション行為論（七・完）」『社会志林』第六五巻第二号。

谷澤尚一（一九八六）「葛蕈の上方遊学―連載第一回―」『建部綾足全集 月報3』国書刊行会。

寺尾五郎（一九八三）「私法世物語巻 解説」『安藤昌益全集』第六巻、農山漁村文化協会。

寺尾五郎（一九八五）「三井田資料・医学関係資料について」安藤昌益研究会編『安藤昌益全集』、第一四巻、農山漁村文化協会。

寺尾五郎（一九八六ａ）「解説」安藤昌益研究会編『安藤昌益全集』第一六巻上、農山漁村文化協会。

寺尾五郎（一九八六ｂ）「『資料篇 三』解説・下」安藤昌益研究会編『安藤昌益全集』第一六巻下、農山漁村文化協会。

寺尾五郎（一九九三）「安藤昌益の思想と現代」農文協編『安藤昌益―日本・中国共同研究―』農山漁村文化協会。

東條榮喜（二〇二二）『安藤昌益の思想展開』東京図書出版。

屠承先（一九九三）「安藤昌益の哲学と中国の伝統思想」農文協編『安藤昌益―日本・中国共同研究―』農山漁

村文化協会。

チャン・トゥアン（二〇二一）『ベトナム南部―歴史・文化・伝統』橋本和孝監修訳、ビスタ ピー・エス。

上杉修（一九五二＝一九九一）「願栄寺と安藤昌益」安藤昌益全集刊行会監修『安藤昌益全集』第一〇巻、校倉書房。

上杉修（一九七四）「八戸と安藤昌益」八戸市立図書館編『安藤昌益』伊吉書院。

上杉修（一九九一）「八戸の生いたち（抄）」安藤昌益全集刊行会監修『安藤昌益全集』第一〇巻、校倉書房。

海原亮（二〇一四）『江戸時代の医師修行』吉川弘文館。

鵜野祥江（一九九六）『倭漢皇統編年合運図』の研究―安藤昌益の歴史意識の典拠―」三宅正彦『『安藤昌益と地域文化の伝統』雄山閣。

渡辺大濤（一九七〇）『安藤昌益と自然真営道』勁草書房。

若尾政希（二〇〇四）『安藤昌益からみえる日本の近世』東京大学出版会。

若尾政希（二〇一二）『近世の政治理論』校倉書房。

山田紀子（二〇〇一）「安藤昌益著『私法儒書巻』の一分析―その典拠と基本概念の考察―」三宅正彦編『安藤昌益の思想史的研究』岩田書院。

山﨑庸男（一九八四）「十八世紀後半の医学界と安藤昌益」『史学雑誌』第九三巻第一号。

山﨑庸男（二〇一六）『安藤昌益の実像―近代的視点を超えて―』農山漁村文化協会。

山内明美（二〇一一）『こども東北学』イースト・プレス。

安丸良夫（一九七四）『日本の近代化と民衆思想』青木書店。

安丸良夫（二〇〇七）『文明化の経験』岩波書店。

安永寿延（一九七四）「安藤昌益の思想と現代―辺境からの告発―」八戸市立図書館編『安藤昌益』伊吉書院。

安永寿延校注（一九八一）『稿本自然真営道』平凡社。

安永寿延（一九九二）『安藤昌益―研究国際化時代の新検証―』農山漁村文化協会。

安永寿延・山田福男（一九九二）『増補 人間 安藤昌益』農山漁村文化協会。

依田壮介（一九六五＝二〇一三）「安藤昌益の筆写本―戦火から守った貴重な古典」『図書新聞』四月一〇日号、
鈴木正『狩野亨吉の研究』ミネルヴァ書房。

依田壮介（一九七四）「戦災を免れた『統道真伝』」八戸市立図書館編『安藤昌益』伊吉書院。

米倉浩司（二〇〇四）「本草学の中の『冬虫夏草』」、http://webdb2.museum.tohoku.ac.jp/exhibition/natukusa/flame_set/honzougaku.htm）

ラードリ・ザトゥロフスキー（一九八二）『一八世紀の唯物論者、安藤昌益の世界』村上恭一訳、雄山閣。

あとがき

私は地域社会学者であり、ベトナム研究者である。しかし、半世紀弱の研究者生活を振り返ると理論的・実証的研究以外に、結果的に歴史社会学的な人物論を展開して来た。例えば、島崎稔や藤田弘夫といった社会学者に加えて、戦前から戦後にかけての代表的な社会運動家である賀川豊彦について論じて来た。またアメリカでのR・S・リンド、ベトナムでのカオダイ教のリーダーであるカオ・チュウ・ファットも取りあげた。二〇世紀初頭のベトナム独立運動のリーダーであるファン・ボイ・チャウとファン・チュウ・チンについての研究なども人物論に繋がるものである。だから今回取り上げた安藤昌益もこれらの延長線上の歴史社会学的な人物論である。しかし、安藤昌益研究は、謎の多い人物の上、論争点も多く、江戸時代というこれまでの私の研究とは異質なものであった。それでも昌益を取り上げることになったのは、以下の経緯である。

二〇一六年二月二五日、突然、ベトナム、ホーチミン市人文社会科学大学で学術シンポジウムを開催するので、江戸時代を専門としている研究者を紹介して欲しいという依頼があった。それで筆者は、同僚の近世史の専門家を紹介した。もし自分が発表するとすれば、安藤昌益しかないとは思っていた。発表していれば、ベトナムでの昌益研究に刺激を与えることになったであろう。とはいえ、もし発表していれば、負の効果の方が大きかったに違いない。それは我が国の昌益研究について十分知らなかったからである。

多くの社会思想家の例に洩れず、あるいは我が国の戦前戦後の社会運動史と同様、昌益研究を巡っては学術的論争を超えた少なからず深刻な論争が生じていたのである。筆者が依拠してきた見解は基本的に安永寿延の見解であり、学生に授業で見せて来たビデオは、一九九〇年に放送されたNHKのテレビ番組『歴史誕生』、「元禄の世に革命思想あり―追跡・安藤昌益―」であったからである。まさかこの番組に対して三度も抗議文を提出した大学者がいたとは知る由もなかったのである。

こうした認識状況にもかかわらず、筆者は昌益研究に着手することにした。それはベトナムでは安藤昌益についてほとんど研究されていなかったからである。ベトナムでの経済発展を重視するドイモイ後の政策は、もとより日本思想史研究において昌益に関心が向かないのは当然であったのである。但し、筆者の安藤昌益への関心は半世紀を超えた。一九九六年には本書で触れたように、昌益について展開した。二〇一六年には八戸市の昌益居宅跡を訪ね、その後二〇二〇年に安藤昌益資料館を訪問し、大学退職後、昌益への関心は高まったのである。

昌益についてのベトナム語での論文は、一年以上前に送信したものの、いささか遅延し、ようやく刊行の目途がたった。本書で展開した知見には、あるいは膨大な先行研究で取り上げられている点も、少なくないだろう。しかし、ベトナムでの昌益研究についてはもちろんのこと、わが国の農村社会学と昌益の誕生の地二井田村との接点など、三宅正彦が参考文献で触れてはいたものの、誰が論じていたのだろうか。動物愛護論として取り上げた研究はあるのだろうか。

最後に、本書をまとめるにあたって、第2章、第3章は拙著（二〇二二a）、第6章は拙稿（二〇二二b）に基づいている。また三浦忠司氏（安藤昌益資料館館長）からは論文を頂戴し、近世史を専門とする三澤勝己氏（元大倉精神文化研究所研究員）からは貴重なコメントを頂戴した。君塚直隆氏（関東学院大学国際文化学部教授）と吉原直樹氏（東北大学名誉教授）には多大な励ましを頂いた。さらに今回も下田勝司東信堂社長にはお世話になった。心からお礼申し上げたい。

二〇二二年一二月三日

橋本和孝

【や行】

【ら行】

【た行】

【な行】

【は行】

【ま行】

事項索引

人名索引

著　者
橋本和孝（はしもと かづたか）

1951年　東京に生まれる
1973年　法政大学社会学部卒業
1995年　博士（社会学）取得、名古屋大学
国民生活センター調査役補佐、福島大学経済学部助手、福島大学行政社会学部助教授、関東学院大学文学部教授、関東学院大学社会学部教授、ベトナム国家人文社会科学センター・日本研究センター客員教授、社会学系コンソーシアム副理事長、地域社会学会理事長など歴任。
現 職　関東学院大学名誉教授

最近の主要業績

A Sociological Analysis of Vietnamese Society, 2015, GRIN Verlag.
『失われるシクロの下で ―ベトナムの社会と歴史 ―』ハーベスト社、2017年
『コミュニティ事典』（共編）、春風社、2017年
「鉄道、殖産興業 ―ベトナムと対照させて」Nguyễn Tiến Lực (Chủ Biên) , Những bài học từ Minh Trị Duy Tân, 2019, NXB Khoa Học Xã Hội.
『グローバル化時代の海外日本人社会』（共編）御茶の水書房、2021年
『コミュニティ思想と社会理論』（共編）東信堂、2021年
『安藤昌益の歴史社会学的接近』私家版、2022年
Ý nghĩa của việc nghiên cứu về Ando Shoeki (An Đằng Xương Ích), NGHIÊN CỨU ĐÔNG BẮC Á, Số 1 (263), 2023, VIỆN HÀN LÂM KHOA HỌC XÃ HỘI VIỆT NAM - VIỆN NGHIÊN CỨU ĐÔNG BẮC Á, (原題：「安藤昌益研究の意義」NORTHEAST ASIAN STUDIES, VIETNAM ACADEMY OF SOCIAL SCIENCES INSTITUTE FOR NORTHEAST ASIAN STUDIES, No. 263, 2023.)
翻訳　ディン・キム・フック著『南シナ海 ― ベトナムからの発言 ―』ビスタ ピー・エス、2020年
チャン・トゥアン著『ベトナム南部―歴史・文化・伝統―』（監訳）ビスタ ピー・エス、2021年

安藤昌益――社会学者から見た昌益論

2023年 8月15日　　初　版第1刷発行　　〔検印省略〕

＊本体価格はカバーに表示してあります。

著者©橋本和孝 ／発行者　下田勝司　　印刷・製本／中央精版印刷

東京都文京区向丘1-20-6　郵便振替00110-6-37828
〒113-0023　TEL（03）3818-5521　FAX（03）3818-5514
発行所 株式会社 東信堂

published by TOSHINDO PUBLISHING CO., LTD.
1-20-6, Mukougaoka, Bunkyo-ku, Tokyo, 113-0023, Japan
E-mail: tk203444@fsinet.or.jp　URL: http://www.toshindo-pub.com/

ISBN978-4-7989-1861-7　C3036 ©HASHIMOTO Kazutaka

東信堂

安藤昌益—社会学者から見た昌益論	橋本和孝	二五〇〇円
地域社会研究と社会学者群像—社会学としての闘争論の伝統	橋本和孝	五九〇〇円
コミュニティ思想と社会理論	橋本和孝・吉原直樹・速水聖子 編著	二七〇〇円
有賀喜左衛門—社会関係における日本的性格	熊谷苑子	二三〇〇円
自然村再考	高橋明善	六四〇〇円
地域自治の比較社会学—日本とドイツ	山崎仁朗	五四〇〇円
日本コミュニティ政策の検証—自治体内分権と地域自治へ向けて	山崎仁朗編著	四六〇〇円
原発災害と地元コミュニティ—福島県川内村奮闘記	鳥越皓之編著	三六〇〇円
自治体行政と地域コミュニティの関係性の変容と再構築—「平成大合併」は地域に何をもたらしたか	役重眞喜子	四二〇〇円
さまよえる大都市・大阪—「都心回帰」とコミュニティ	鯵坂学・徳田剛・西村雄郎・丸山真央 編著	三八〇〇円
地域のガバナンスと自治—平等参加・伝統主義をめぐる宝塚市民活動の葛藤	田中義岳	三四〇〇円
現代日本の地域分化—センサス等の市町村別集計に見る地域変動のダイナミックス	蓮見音彦	三八〇〇円
現代日本の地域格差—二〇一〇年・全国の市町村の経済的・社会的ちらばり	蓮見音彦	二三〇〇円
社会制御過程の社会学	舩橋晴俊	九六〇〇円
組織の存立構造論と両義性論—社会学理論の重層的探究	舩橋晴俊	二五〇〇円
「むつ小川原開発・核燃料サイクル施設問題」研究資料集	舩橋晴俊・金山行孝・茅野恒秀 編著	一八〇〇〇円
新版 新潟水俣病問題—加害と被害の社会学	飯島伸子・舩橋晴俊 編	三八〇〇円
環境問題の社会学—環境制御システムの理論と応用	茅野恒秀・湯浅陽一 編著	三六〇〇円
新潟水俣病問題の受容と克服	堀田恭子	四八〇〇円
新潟水俣病をめぐる制度・表象・地域	関礼子	五六〇〇円
被災と避難の社会学	関礼子編著	二三〇〇円

※定価：表示価格（本体）＋税

〒113-0023 東京都文京区向丘 1-20-6 TEL 03-3818-5521 FAX03-3818-5514
Email tk203444@fsinet.or.jp URL:http://www.toshindo-pub.com/

東信堂

〔シリーズ　社会学のアクチュアリティ：批判と創造　全12巻〕

- クリティークとしての社会学―現代を批判的に見る眼　西原和久・宇都宮京子編　一八〇〇円
- 都市社会とリスク―豊かな生活をもとめて　藤田弘夫・浦野正樹編　二〇〇〇円
- 言説分析の可能性―社会学的方法の迷宮から　佐藤俊樹・友枝敏雄編　二〇〇〇円
- グローバル化とアジア社会―ポストコロニアルの地平　新津晃一・吉原直樹編　二三〇〇円
- 公共政策の社会学―社会的現実との格闘　武川正吾・三重野卓編　二〇〇〇円
- 社会学のアリーナへ―21世紀社会を読み解く　友枝敏雄・厚東洋輔編　二二〇〇円
- モダニティと空間の物語―社会学のフロンティア　吉原直樹・斉藤日出治編　二六〇〇円
- 戦後日本社会学のリアリティ―せめぎあうパラダイム　池岡義孝・西原和久編　二六〇〇円

〔地域社会学講座　全3巻〕

- 地域社会学の視座と方法　似田貝香門監修　二五〇〇円
- グローバリゼーション／ポスト・モダンと地域社会　古城利明監修　二五〇〇円
- 地域社会の政策とガバナンス　岩崎信彦・矢澤澄子監修　二七〇〇円

〔シリーズ世界の社会学・日本の社会学〕

- タルコット・パーソンズ―最後の近代主義者　中野秀一郎　一八〇〇円
- ゲオルグ・ジンメル―現代分化社会における個人と社会　居安正　一八〇〇円
- ジョージ・H・ミード―社会的自我論の展開　船津衛　一八〇〇円
- アラン・トゥーレーヌ―現代社会のゆくえと新しい社会運動　杉山光信　一八〇〇円
- アルフレッド・シュッツ―主観的時間と社会的空間　森元孝　一八〇〇円
- エミール・デュルケム―社会の道徳的再建と社会学　中島道男　一八〇〇円
- レイモン・アロン―危機の時代の透徹した警世家　岩城完之　一八〇〇円
- フェルディナンド・テンニエス―ゲマインシャフトとゲゼルシャフト　吉田浩　一八〇〇円
- カール・マンハイム―時代を診断する亡命者　澤井敦　一八〇〇円
- ロバート・リンド―アメリカ文化の内省的批判者　園部雅久　一八〇〇円
- アントニオ・グラムシ―『獄中ノート』と批判社会学の生成　鈴木富久　一八〇〇円
- 費孝通―民族自省の社会学　佐々木衞　一八〇〇円
- 奥井復太郎―都市社会学と生活論の創始者　藤田弘夫　一八〇〇円
- 新明正道―綜合社会学の探究　山本鎭雄　一八〇〇円
- 米田庄太郎―新総合社会学の先駆者　中久郎　一八〇〇円
- 高田保馬―理論と政策の無媒介的統一　北島滋　一八〇〇円
- 戸田貞三―家族研究・実証社会学の軌跡　川合隆男　一八〇〇円
- 福武直―民主化と社会学の現実化を推進　蓮見音彦　一八〇〇円

※定価：表示価格（本体）＋税

〒113-0023　東京都文京区向丘 1-20-6　TEL 03-3818-5521　FAX03-3818-5514
Email tk203444@fsinet.or.jp　URL:http://www.toshindo-pub.com/

東信堂

「居住福祉資源」の思想―生活空間原論序説	早川和男	二九〇〇円
人は住むためにいかに闘ってきたか―〔新装版〕欧米住宅物語	早川和男	二〇〇〇円
居住困窮の創出過程と居住福祉	岡本祥浩	五四〇〇円
〔居住福祉叢書〕		
居住福祉産業への挑戦	鈴木静雄・神野武美 編	一四〇〇円
ひと・いのち・地域をつなぐ―社会福祉法人きらくえんの軌跡	市川禮子	一八〇〇円
住宅団地　記憶と再生―ドイツと日本を歩く	多和田栄治	二三〇〇円
検証　公団居住60年―〈居住は権利〉公共住宅を守るたたかい	多和田栄治	二八〇〇円
「地域の価値」をつくる―倉敷・水島の公害から環境再生へ	石田正也 監修　除本理史・林美帆 編著	一八〇〇円
福島復興の到達点―原子力災害からの復興に関する10年後の記録	川﨑興太	四三〇〇円
福島原発事故と避難自治体―原発避難12市町村長が語る復興の過去と未来	川﨑興太	七八〇〇円
原発事故避難者はどう生きてきたか―被傷性の人類学	竹沢尚一郎	二八〇〇円
ミュージアムと負の記憶―戦争・公害・疾病・災害：人類の負の記憶をどう展示するか	竹沢尚一郎編著	二八〇〇円
災害公営住宅の社会学	吉野英岐編著	三二〇〇円
故郷喪失と再生への時間―新潟県への原発避難と支援の社会学	松井克浩	三二〇〇円
被災と避難の社会学	関礼子編著	二三〇〇円
放射能汚染はなぜくりかえされるのか―地域の経験をつなぐ	藤川賢・除本理史 編著	二〇〇〇円
初動期大規模災害復興の実証的研究	小林秀行	五六〇〇円
震災・避難所生活と地域防災力―北茨城市大津町の記録	松村直道編著	一〇〇〇円
社会制御過程の社会学	舩橋晴俊	九六〇〇円
「むつ小川原開発・核燃料サイクル施設問題」研究資料集	舩橋晴俊・金山行孝・茅野恒秀 編著	一八〇〇〇円
環境問題の社会学―環境制御システムの理論と応用	茅野恒秀・湯浅陽一 編著	三六〇〇円

※定価：表示価格（本体）＋税

〒113-0023　東京都文京区向丘 1-20-6　TEL 03-3818-5521　FAX03-3818-5514
Email tk203444@fsinet.or.jp　URL:http://www.toshindo-pub.com/